À la force du cœur

Rose Ameziane

À la force du cœur

L'immigration en héritage, la Nation en partage

éditions du
ROCHER

Éditions du Rocher
28 rue Comte-Félix-Gastaldi – BP 521 – 98015 Monaco

www.editionsdurocher.fr

ISBN : 978-2-268-10857-5
EAN epub : 9782268108933

À ma grand-mère, Yema,
qui m'a transmis le plus bel héritage,
son amour.

Chapitre 1

Le pouvoir de l'émotion

La scène se passe début mai 2022, dans *Morandini Live*, la célèbre émission de Jean-Marc Morandini à laquelle je participe désormais régulièrement depuis un an comme chroniqueuse politique. On dit parfois que je n'ai pas ma langue dans ma poche, ou même que je suis une « clasheuse ». Admettez qu'il y a des jours où les clashs sont inévitables. Et, même, salvateurs.

La situation s'est terriblement dégradée depuis quelques mois pour les habitants du bâtiment G de la cité de la Kallisté, à Marseille. Un édifice que l'on croirait abandonné s'il ne comptait des âmes qui y vivent, qui y survivent. Il demeure dans un tel état de délabrement, il est un tel symbole de capitulation des pouvoirs publics à Marseille que pas moins d'un tiers des appartements sont accaparés par des squatteurs. « Du jamais vu », diraient certains. C'est qu'on les a mal renseignés sur la vie des cités. Ou, plus probablement, qu'ils n'y sont jamais allés.

À la Kallisté, la violence est montée d'un cran le week-end précédent, quand un gang de Nigérians a attaqué les résidents du bâtiment en fracassant des volets à la machette. Depuis, une soixantaine d'entre eux a pris la fuite. Certains ont pu être relogés chez des proches ou dans un gymnase. Pour les autres, aucune solution, sinon celle de dormir dans leur voiture. La France d'aujourd'hui donne le vertige. Angoisse, abandon, injustice sont les mots qui me viennent à l'esprit. « Kallisté » signifie « la très belle » en grec ancien, et cela me laisse un goût amer dans la bouche. J'y ajouterai aussi des odeurs d'ordures, de plastique brûlé, de béton, de poussière. En regardant tourner ces images depuis quelques jours sur les réseaux sociaux, je ne parviens pas à me résoudre à cette situation. Après mon tour de France des quartiers populaires, effectué entre 2021 et 2022, et pour avoir pu me rendre compte, par moi-même, de l'ampleur des dégâts, je n'ai eu de cesse que d'alerter sur les conditions de vie déplorables dans certaines zones urbaines. Je sais aussi combien ces quartiers subissent l'opprobre de ceux qui, politiques, polémistes, n'y mettent jamais les pieds, et comment, de discours en insinuation, la relégation s'est organisée autour de leurs habitants. Combien l'abandon des quartiers populaires n'est pas un vain mot.

C'est pourquoi, ce jour-là, en direct, ma colère prend le dessus. Pour moi, c'est un véritable scandale et il embrasse plusieurs dimensions, dont aucune ne semble éveiller l'attention des pouvoirs publics : que ce soit les enjeux de sécurité, ceux proprement logistiques et conjoncturels du relogement ou la question épineuse, centrale, de la rénovation urbaine. La République est aux abonnés absents.

Alors je m'époumone : « Elle est où la République ? Il n'y a pas un magasin, pas un loisir, pas une école ! Rien que des immeubles délabrés ! Et vous voudriez que ces enfants-là aient un avenir ? » J'en appelle ensuite à Benoît Payan, maire de Marseille ; à Samia Ghali, maire du 8e secteur de Marseille, qu'on entend si souvent sur la question marseillaise ; à Christophe Mirmand, préfet des Bouches-du-Rhône, enfin. Devant ces images insoutenables qui passent en boucle à l'heure où nous en débattons, je fais aussi remarquer qu'aucun programme politique ne se propose de venir en aide à ces quartiers. Face à moi, Jérôme Dubus, conseiller de Paris (LREM), et Julien Odoul, président de groupe au conseil régional de Bourgogne-Franche-Comté (RN), fixent leurs chaussures. Ils pensent sans doute que cet air pénitent auquel personne ne croit leur délivrera un brevet d'empathie. Empathie : capacité à ressentir ce que l'autre ressent. C'est de cela dont il est question, mais ce jour-là, tout se déroule comme s'ils avaient oublié.

« Essayons de prendre cela d'une manière non affective, s'il vous plaît », me lance alors Jérôme Dubus. Le même qui, l'instant d'avant, s'est fendu d'une généralité hasardeuse sur les quartiers nord de la cité phocéenne, qui « vivent mal », comme si la connaissance du fait, ou son ancienneté, allait oblitérer l'indignation que je ressens devant ces images. Comme si, à l'heure des chaines d'infos en continu, il fallait absolument qu'un drame soit nouveau pour s'y intéresser. Mais qui pour s'en émouvoir ? Je l'affirme ce jour-là : « C'est au contraire parce qu'on n'a pas pris à cœur ces situations qu'elles dégénèrent. » Oui, je crois au pouvoir de l'émotion, car c'est elle qui m'a fait devenir ce que je suis. Et, avec ce livre, je veux en témoigner : nos plus grands combats ont été menés car la nécessité de les mener ne nous est apparue ni rationnelle, ni calme, ni froide. Cette nécessité provenait de l'indignation, de la révolte devant trop d'indignité et d'inhumanité.

« Il y a des colères qui sont parfaitement saines » : cette phrase, que Ségolène Royal prononça pendant le débat de l'entre-deux tours face à Nicolas Sarkozy en 2007, à propos des difficultés de scolarisation des enfants handicapés, a dû braver bien des sourires narquois. Elle aura pourtant marqué les esprits. Dans une société où subsistent les reliquats obstinés d'une misogynie réconfortante, elle aura incarné à merveille l'impulsivité féminine dans ces œuvres. Il faudrait qu'elles se calment, ces hystériques, et qu'elles laissent les hommes, les vrais, eux flegmatiques et réfléchis, agir en bonne intelligence. Or même les hommes sont humains. Nous ne sommes pas des robots. S'il n'y avait pas existé de colères parfaitement saines, comment aurait-on conduit notre pays vers le progrès social ? Peut-être travaillerait-on encore, sans possibilité de congés payés, une cinquantaine, une soixantaine d'heures par semaine. Peut-être laisserait-on encore des parents, en France, envoyer leurs enfants travailler. Il y aurait encore tant de femmes qui mourraient d'IVG clandestines, si quelqu'un ne s'était pas dit, à un moment : ça suffit maintenant, un peu de dignité !

Ce même printemps 2022, j'ai regardé la romancière Leïla Slimani défendre son livre, *Regardez-nous danser* (Gallimard), devant François Busnel dans « La Grande Librairie », sur France 5. Son éloge de la faiblesse, aux antipodes des discours actuels portés par un certain féminisme sur les femmes puissantes, m'a particulièrement touché, il a trouvé en moi une grande résonance : « Je suis une femme fragile, pleine de blessures, mélancolique, qui échoue souvent, qui vit des moments tristes. J'ai énormément de doutes. Je n'ai pas envie de donner l'impression aux gens qu'il faut toujours être forts et qu'on se remet de tout. » Ces propos recèlent une rare humanité. C'est en prenant le temps, le temps qu'un livre permet, que j'aimerais m'attarder sur cette fragilité qui, parce qu'on choisit de l'assumer, sait nous rendre plus forts.

Si nous ne sommes pas des robots, et si notre cœur n'est pas de pierre, c'est aussi parce que nous avons fait l'expérience de la fragilité. Paradoxalement, parce que cette expérience, nous l'avons surmontée, elle nous a rendus forts. Ce constat est à la base de l'histoire de ma vie, il fonde ma trajectoire, incarne la raison pour laquelle j'aimerais la retracer avec vous. Coucher ces mots, dire ce que j'ai dans les tripes parce que, dans le fond, personne ne sait vraiment ce qui m'anime, ni même qui je suis. Parce que, dans le fond, nul ne décèle les raisons qui me poussent, y compris sur les plateaux, à vouloir nuancer ou apporter du relief aux vérités toutes faites. La Rose Améziane que je voudrais vous raconter n'est pas nécessairement celle des coups de semonce sur les plateaux télé. C'est d'abord la Rose qui demeure dans l'ombre et rend possible ce déploiement d'énergie en direct, ce discours et ces positions. C'est la petite Rose sur qui s'appuie la chef d'entreprise dynamique, l'associative motivée, la grande gueule des émissions de débat, la Rose qui a su cultiver sa force et qui entend la transmettre aux gens qui l'entourent.

Ici, la punchlineuse pose le micro et prend la plume. Elle veut mettre en lumière son expérience et, partant de là, prendre le temps d'élaborer une réflexion. Le traitement de l'actualité, la « dictature » du commentaire, le plus souvent immédiat, m'a plus d'une fois frustrée. Pourtant j'aime ce format propre à la télévision, et j'ai appris à m'adapter à l'exercice. Il y a des émissions où l'on débat sereinement ; d'autres où c'est le combat qui est de mise, et qui s'avère en outre une nécessité. J'aurai ici l'audace de m'attaquer à un autre type d'exercice, où le temps est mon allié, où il permettra au lecteur de mieux saisir le message que je suis venue porter dans les médias. Il me plaît, aussi, d'écrire un livre sans connaître celui qui me lira. Je souhaite prendre le risque de sortir du familier face à face avec un débatteur ou un adversaire politique pour m'adresser directement à vous.

Chapitre 2

Là-bas en Kabylie

Dans le symbolisme des rêves, leur interprétation, la maison tient une place particulière. Elle peut représenter le corps du rêveur, ou sa personne tout entière. Les fondations, les poutres, des combles au grenier, symbolisent ce qui la constitue : ses racines, sa famille, ses valeurs, son inconscient, ses aspirations. Moi, j'ai comme point d'attache plusieurs demeures. Leur souvenir m'inspire et me conforte, tant sur le plan affectif que sur la question de mes racines. La première d'entre toutes se tient nichée dans le haut de ce village perdu, né à flanc de coteau dans les montagnes de grande Kabylie, dans la *wilaya* de Tizi-Ouzou. Un village établi sur cette terre d'oliviers, qui porte le nom berbère de ma famille maternelle, Ain Meziane. C'est un village coupé en deux, ou presque, il est sectionné par ce long chemin sur lequel j'ai si souvent crapahuté avec mes frères et ma sœur. Ain Meziane comporte une partie haute, historique, et une partie basse, chacunes desservies par une route différente. Lorsque l'on y arrive à pied, on emprunte ce chemin de mon enfance, le plus raide, serti de cailloux et de souvenirs. À l'époque, nous y rencontrions toujours le même homme. Il ne semblait pas avoir toute sa tête, il parlait seul. Quand je le rencontrais, j'étais tétanisée. L'expérience m'a prouvé qu'il n'était pas dangereux.

C'est donc en montant à pied qu'on parvient à la maison. Celle de ma grand-mère, la mère de ma maman. On débarque dans la cour. Le bas de la maison est composé d'une chambre et d'une cuisine, avec des greniers berbères – des greniers dans le mur, aussi appelé greniers citadelles, où nous stockons des denrées alimentaires. Le haut de la maison est accessible depuis un escalier extérieur. Là se trouvent d'autres pièces, des chambres. Mon oncle maternel, qui a fui l'Algérie parce qu'il se trouvait sur la liste noire des islamistes comme « terroriste travaillant pour le gouvernement » pendant la guerre civile, y a fait construire cet étage pour la famille. Réempruntons le sentier pour descendre dans la partie basse du village. Là, dans une aire constructible, se trouve la seconde maison de mon cœur. Car c'est aussi à Ain Meziane que mes parents ont acheté un terrain et fait bâtir, au fil des années, notre maison à nous. Alors qu'il est plutôt d'usage de s'installer dans le village du mari, mes parents ont préféré investir ce fief maternel. La raison de ce choix est que la famille de mon père est bien plus humble que celle de ma mère. Papa a passé son enfance dans une petite bâtisse montagnarde ne comportant qu'une seule pièce. Les Kabyles, par ailleurs, possèdent souvent des terres attenantes à leur maison. Eux n'en avaient aucune.

Ma destinée si française s'accroche à ces souvenirs d'une terre étrangère, de l'autre côté de la Méditerranée. Liens fondamentaux, émotifs, qui me rattachent à mes ancêtres. Ils offrent un continuum solide, un référent venant compenser une forme d'instabilité dans la succession de demeures, d'activités, d'états d'esprit, qui fonde ma vie. Car c'est en Kabylie que j'ai passé toutes les vacances d'été de ma jeunesse, exception faite de ceux de la « décennie noire », de la guerre civile qui s'est abattue sur l'Algérie des années quatre-vingt-dix. Invariablement, mes jeunes années sont rythmées par l'édification de la maison de mes parents, construite pièce après pièce, dans le village familial. J'ai connu les soirées éclairées à la bougie. Les toilettes de fortune, faites d'un trou creusé dans le jardin et de planches de bois disposées de part et d'autre. La maison est une réalisation que je peux toucher, un mètre étalon que je convoque mentalement quand je me sens perdue. C'est une maison construite de plain-pied. Beaucoup de familles d'immigrés ont, en Algérie, de grandes maisons à étages, pas nous. Ma famille est modeste. Et le premier objectif de mes parents était d'accéder à la propriété privée en France. Car si leurs racines sont algériennes, le pays où ils se sont établis, c'est la France.

Je m'appelle Rose et j'ai vu le jour au début des années quatre-vingt. À Colombes, dans les Hauts-de-Seine, là où mes parents se sont établis durant la décennie précédente, où ils avaient déjà donné naissance à trois enfants, Farid, Rachid et Dalila. Un jour, Maman, alors enceinte de moi, a croisé le chemin d'une autre jeune femme. Celle-ci venait de perdre son père et en était effondrée. Ensemble, elles ont eu, à la faveur de cette rencontre, une conversation qui marqua profondément ma mère. Elle aussi avait perdu son père et connaissait bien cette douleur du deuil. Cette femme, qui l'a un jour émue, s'appelait Rose. J'ai donc reçu son prénom. Ma mère dit parfois que c'est la raison pour laquelle je suis proche de mon père.

Mes grandes vacances algériennes sont inoubliables, elles m'ont tant façonnée. C'est par elles que je voudrais ouvrir le récit de mon parcours. Elles débutaient souvent avant l'été, d'ailleurs, puisque ma mère nous retirait de l'école vers le mois d'avril, parfois mai, nous, les trois derniers, et que nous nous retrouvions à l'école du village, là-haut dans les montagnes, comme greffés au sein d'une petite société d'enfants étrangers, dont nous ne maîtrisions pas les codes. On y parlait kabyle, on y parlait français. L'institutrice connaissait notre famille. Forcément, plus nous avons grandi, moins nous avons pu manquer l'école en France, mais je garde de bons souvenirs de cette expérience. Au début du mois d'août, mon père nous rejoignait enfin pour son mois de congé. À ce moment-là, une impression de liberté se diffusait : Papa pouvait nous conduire en ville, Maman n'ayant passé le permis qu'à la quarantaine. Les textures, les sensations et les odeurs de cette époque ne me quittent pas. Odeur de l'huile d'olive, celle qui provenait des oliviers de ma grand-mère ; sensation de chaleur, comme celle d'un four ; textures de pierre chaude, d'herbe séchée, de tapis, de peau de mouton. Mon attachement à cet endroit est tel qu'il me surprend parfois. C'est là que j'ai goût à marcher pieds nus dans le jardin qui s'étendait de part et d'autre de la maison, une habitude tellement ancrée que je n'y prête plus attention. J'en retire une grande sensation de liberté. Pieds nus, comme ma grand-mère, et au grand dam de ma mère, pour qui porter des chaussures est le signe qu'on se tient éloigné de l'indigence dans laquelle bien des Algériens ont vécu par le passé, mais aussi qu'elle craint toujours que je me blesse.

Je n'ai jamais connu les trajets dans une voiture pleine à craquer, la route vers le sud, puis le bateau jusqu'en Algérie. Mon père mettait un point d'honneur à nous faire voyager en avion. Avec son salaire d'ouvrier, il payait chaque année sept billets aller-retour. Il y a aussi qu'il avait peur des accidents de la route. Là-bas, en Kabylie, les journées étaient étouffantes. Le matin, on pouvait encore sortir faire les courses et s'occuper du ménage. À l'époque, le village ne comportait qu'une seule épicerie, et on y trouvait le strict nécessaire, à savoir quelques denrées alimentaires et des produits ménagers. Notez bien malgré tout qu'il y avait des bonbons et des glaces. Notre objectif de l'été, avec mes frères et ma sœur, consistait donc à rassembler suffisamment de pièces de monnaie pour, ensuite, courir à l'épicerie s'acheter des friandises.

En août, ce défi était facilité par l'arrivée de mon père, toujours généreux et qui optimisait donc notre petite récolte. Et l'on me demande aujourd'hui pourquoi je suis aussi gourmande… L'après-midi, mieux valait ne pas sortir. Un jour j'ai commis cette erreur, et la chaleur m'a fait saigner du nez. Après le déjeuner, c'était surtout la sieste. Je n'aimais pas la faire chez moi, aussi j'allais chez ma grand-mère, avec qui c'était tout un rituel. On l'appelait Yema, ce qui signifie grand-mère, mais le village entier l'appelait ainsi. C'était la grand-mère de tout le monde. Yema nous installait dans son grand lit à ressorts, ce qui nous changeait des paillasses sur lesquelles nous demeurions tout l'été – cependant, dormir près du sol est bien plus supportable quand les températures sont hautes. Je me rappelle que nous étions deux ou trois avec elle dans le lit. Les plus grands restaient sur des paillasses au sol. Pour nous faire dormir, ma grand-mère nous racontait, en kabyle, des *timucuha* (des contes). Il y avait toujours une morale à ces contes. Très souvent, il s'agissait des aventures de Djeha, célèbre personnage du folklore moyen-oriental. Chaque histoire débutait de la même manière, par ces mots : « Il y avait Djeha… ». Comme il était malin, ce Djeha, comme il faisait, chaque fois, les quatre cents coups… Nous trouvions ces histoires vraiment amusantes et je crois bien que ces moments, dans le lit de ma grand-mère, sont les meilleurs souvenirs de mes étés. Je m'endormais au rythme et à la chaleur de sa respiration.

Je me souviens des longues journées d'ennui au village mais, en même temps, de notre capacité incroyable à fabriquer des choses folles à partir de trois fois rien. Car, à défaut de posséder des jouets, nous en fabriquions. Nos osselets étaient des cailloux que nous devions sélectionner avec soin, car ils devaient pouvoir tenir sur le dos de nos petites mains. Nous fabriquions également des espèces de roulottes à l'aide de tiges de bambou et de boîtes rondes en métal qui n'étaient autres que des boîtes de tabac à chiquer (la *chemma*). Cerfs-volants, ballons de foot ou encore lance-boulettes de papier comptaient également parmi nos créations. Nous tirions sur des oiseaux posés au loin, sur des fils électriques. Parfois, en groupe, nous nous aventurions un peu plus bas, après le village. Mais nous remontions très vite, au moindre bruit d'animal sauvage !

Et il y avait surtout, à Ain Meziane, ces longues soirées passées en extérieur, en famille, où l'humour et même parfois la politique animaient les échanges. Mes moments préférés. Avec la torpeur de l'été, la terrasse, et la dalle, la terrasse supérieure, accessible en empruntant une échelle, devenaient nos pièces à vivre. Avec ma sœur et mes cousines, de tous âges, nous aimions nous réfugier sur la dalle. Là, nous pouvions échanger nos secrets. Mais le plus souvent, nous étions tous ensemble. Malgré les moustiques qui venaient nous ronger la peau, on se tenait tous là, réconfortés par cette ambiance familiale. Parfois, jusqu'à tard, il arrivait que nous recevions des convives surprises, car nous n'avions pas le téléphone – mes parents ne l'ont d'ailleurs jamais installé – il fallait passer nous voir pour nous parler. Sur le sol nous disposions de grands tapis de paille, ou des peaux de moutons, des petites chaises en bois de fabrication artisanale. Les invités s'asseyaient avec nous et restaient refaire le monde. Chacune de nos soirées estivales était rythmée par un doux mélange des langues : français et kabyle se mélangeaient jusqu'à n'en former qu'une. Parfois la clameur d'une fête de mariage nous parvenait. Il n'y avait personne à cinq kilomètres à la ronde, aucun immeuble, et les maisons étaient suffisamment espacées, sur les hauteurs des collines, pour que nous percevions ces musiques et ces voix. Cela donnait envie d'aller à la fête, et je savais que malgré le caractère familial du mariage, tous les gens du village y auraient été les bienvenus. Sur la terrasse, nous veillions jusqu'à tard. « On est de son enfance comme d'un pays », comme l'écrit si justement Antoine de Saint-Exupéry. C'est de là d'où je viens, de ces étés interminables dans les montagnes kabyles où poussent les oliviers. C'est ici que j'ai appris à devenir moi-même, à l'ombre de ceux qui m'ont précédée.

Chapitre 3

De l'Algérie à la France

Mon père est né en 1945, au cœur des montagnes de Kabylie, dans un milieu marqué par une extrême pauvreté. De six à neuf ans, il connaît les bancs de l'école, et puis, très vite, la guerre éclate. Les troupes françaises nomment un responsable dans le village chargé de réquisitionner les gamins, à qui l'on confie des tâches diverses – aller chercher de l'eau avec un âne, à manger, etc. Papa se trouve pris dans cet engrenage et, de ce fait, déserte le cursus scolaire. Nous sommes en 1954. Il partagera avec moi quelques souvenirs du conflit, notamment celui de la traque d'Hocine Zehouane, lorsqu'il était jeune militant du FLN. Originaire de Draâ Ben Khedda, comme mon père, il fréquente d'ailleurs le même établissement scolaire. « Parce que quelqu'un leur avait dit que je le connaissais, les militaires français sont venus à la maison me chercher, me racontera-t-il. Ils m'ont emmené à la caserne pour m'interroger. » Ce jour-là, le village est presque désert, il a été évacué car les Français ont repéré que des membres du FLN s'y rendent fréquemment. « Je leur ai donc dit que Zehouane n'était plus là. C'est alors qu'ils m'ont ramené au village afin que je leur montre tout de même sa maison. Sur le chemin, ils ont demandé aux villageois de retirer les tuiles des toits des maisons, au cas où les membres du FLN se cachaient dans les combles. Moi, j'en ai profité pour me mêler aux villageois, pour me faire oublier. » Difficile de me figurer cette scène de pression, de soumission, tant elle paraît éloignée de la vie paisible que mon père, que les miens mènent aujourd'hui.

À la fin des années cinquante, Papa est adolescent et, comme beaucoup d'autres garçons pauvres à cette époque, il commence, dès ce jeune âge, à travailler. D'abord comme vendeur ambulant dans les villages, où il proposait une tombola avec, pour le gagnant, un paquet de gâteaux. Il vendait également du pain dans les villages, car il s'y trouvait très peu de commerçants à l'époque. Par la suite, il part tenter sa chance à Alger, d'abord comme vendeur de journaux puis à Tipaza, cité balnéaire à l'ouest d'Alger, sur la plage. C'est de là qu'il tient ses mollets de cycliste, acquis à force de marche dans le sable. Avec moi, il se rappelle ses repas, composés d'une part de karantika (gâteau à la farine de pois chiche d'origine oranaise) et d'un café. Quand la guerre se termine, mon père à dix-sept ans. Son souhait est de partir faire sa vie en France, ce qui est possible, même si jeune, à condition d'avoir obtenu l'autorisation de ses parents. Si son père la lui refuse, ma grand-mère la lui donne. Son arrivée en France se fait dans les bidonvilles de Nanterre. C'est précaire, miséreux, et il connaît aussi les ratonnades anti-Arabes. Malgré tout, il va tenter de faire des études afin d'obtenir un bon niveau de qualification et s'inscrit en centre d'apprentissage. Il suit des cours à Clichy deux soirs par semaine et travaille dans une école du 19e arrondissement de Paris comme taulier chaudronnier, l'alternance de l'époque. Très vite, un problème matériel d'importance se pose : il n'y a pas d'électricité dans les baraquements des bidonvilles. « J'avais repris le français, dont je connaissais les bases, et j'étudiais à la bougie... Mais cela est devenu trop compliqué au bout d'un moment. Or sans les études, je perdais aussi mon contrat professionnel. J'ai préféré tout arrêter et aller travailler directement, sans diplôme, sans qualification. » Question de survie. À l'époque, c'est le plein-emploi, et il trouve facilement du boulot. D'abord chez Alpina plastique bobines à Nanterre, puis chez Renaudat à Suresnes, pour ensuite atterrir dans la restauration au Palais de la Défense, ancêtre de l'actuel Parc des Expositions de la porte de Versailles, et un temps chez Mollard, la brasserie de Saint-Lazare. Il renoue par la suite avec l'usine, en travaillant dans la cantine d'un groupe industriel à Puteaux. En 1977, enfin, il entre chez Phytosolba, où il fera tout le reste de sa carrière. Entre-temps, il a quitté les bidonvilles pour investir un appartement, après un passage dans un pavillon squatté. De sa jeunesse, nous restent quelques photographies. Blouson en cuir et pantalon pattes d'éléphant : un jeune Français des années soixante-dix, comme les autres. Comme beaucoup de ses copains d'origine maghrébine de l'époque, il a vécu cette vie occidentale, très contemporaine, tout de suite en arrivant. Tous avaient, évidemment, leurs références d'hôtels et de bars kabyles, en région parisienne, mais ils se sont fondus dans la masse. C'était alors possible et souhaitable.

L'histoire de ma mère est assez différente. Comme j'ai eu l'occasion de l'écrire, sa famille à elle est moins pauvre. Elle possède des terres. Maman s'est mariée une première fois en Algérie, assez jeune, avec un homme qui avait fait des études et passait une grande partie de son temps en France pour le travail. Effectuant de nombreux allers et retours, il n'était jamais là. En réalité, ma mère avait envie de construire une famille quand lui privilégiait sa carrière. À peine âgée de 25 ans, elle demande le divorce, ce qui à l'époque, dans ce pays, détone totalement. C'est sur les conseils de son frère qu'elle rejoint la France, où elle part travailler comme couturière. Elle arrive alors à La Garennes-Colombes, où elle s'installe chez sa grande sœur, déjà propriétaire d'un pavillon. C'est lors d'un dîner chez ma tante qu'elle a rencontré mon père. « J'avais deux courtisans, se souvient ma mère. Ton père, très beau mais sans le sou, et un autre homme, moins beau mais plus aisé. Hé bien… J'ai choisi la beauté. Mais la beauté, ce n'est pas facile tous les jours. La beauté, cela ne se mange pas ! » Ce sens de la répartie est typique de ma mère, esprit direct, très pragmatique. Et drôle, si drôle. « Imagine ça : ton père est arrivé avec sa valise en carton, poursuit-elle, amusée, dans laquelle il avait mis ses pantalons miteux, sur lesquels il manquait des fermetures éclair, et des photos d'anciennes copines… » Nés tous deux un 13 juin, l'un en 45 et l'autre en 47, ils semblaient faits pour se rencontrer.

Et puis, bien qu'issus d'extractions sociales différentes, c'est la similitude des trajectoires familiales qui saute aux yeux. Je n'ai connu aucun de mes grands-pères. Ce que je sais d'eux, de leur amour de la France, me parvient par le récit héroïque, ému, de membres de ma famille. Kaci, mon grand-père paternel, a combattu sous le drapeau français les forces de l'Axe durant la Seconde Guerre mondiale. Tout comme Ahmed, mon grand-père maternel, qui, lui, s'est ensuite engagé dans l'armée française, avec laquelle il s'est aussi battu en Indochine. L'itinéraire de mes deux grands-mères dans la mémoire familiale, dans la mémoire historique, est tout autre. Celui de Fatima, du côté paternel, est un destin engagé, tout comme celui de leurs époux, mais pas pour la même cause. Elle hérite du titre de *moudjahid* pour avoir participé à la conquête de l'indépendance algérienne contre le colonialisme français. Fatma, du côté maternel, n'a de son côté pas fait la guerre, mais elle soutenait l'indépendance. Leurs mariages, la paix des ménages, la constitution de leurs familles sont toutefois la preuve qu'on peut avoir aimé la France – sans toujours comprendre ce qu'implique la colonisation, aller jusqu'à donner sa vie pour le drapeau –, aimé ce qu'elle représentait culturellement et sur le plan civilisationnel. Mais, dans le même temps, être attaché à sa terre et à son identité, vouloir que son peuple accède à l'indépendance. Bien avant ma naissance, ceux qui m'ont précédé montrent combien rien n'est manichéen dans l'histoire, et combien la grande histoire se mêle à la petite, celle des individus. Tout cela contrevient aux vérités toutes faites portées par les discours extrémistes, j'en conviens. Mais c'est ce qui fonde notre récit commun, celui de la France et celui de l'Algérie.

Il m'apparaît, à l'image de ce qu'ont été les familles de ma mère et de mon père, qu'on pouvait vouloir une Algérie algérienne sans être nécessairement anti-France. On pouvait aimer la France et vouloir être des citoyens à part entière. Refusant à la fois aux Arabes de s'émanciper du statut d'indigènes pour devenir des Français, et qu'ils prennent en charge leur propre destin sans ces mêmes Français, par l'indépendance, les défenseurs de l'Algérie française avaient créé une impasse qui n'aura fait que préparer le conflit armé. Le droit à l'égalité de statut semble aujourd'hui oublié, mais il a bien été un moteur des événements. Les velléités indépendantistes, elles, sont venues après. Cette volonté de maintenir l'Arabe dans l'indigénat contraste, de fait, si fortement avec les appels effrénés à l'assimilation lancés par certains. Je pense notamment à la campagne d'Éric Zemmour pour la présidentielle. Cela me renvoie à la manière dont on nous a longtemps enseigné l'histoire de l'Algérie. On m'a servi, dans ma jeunesse, le narratif de la colonisation prodigueuse de civilisation pour des indigènes assoiffés de connaissance et heureux de s'élever – les indigènes n'ont d'ailleurs eu accès à l'instruction que très tardivement, les colons ayant peur qu'ils en fassent un outil de révolte, le niveau d'instruction des populations d'Algérie était bien supérieur avant la colonisation, au travers des écoles coraniques. On m'a dit qu'un jour que les indigènes s'étaient rebiffés parce qu'ils avaient voulu récupérer leur terre et, qu'alors, les Français étaient partis. Mais on a omis de me dire que les Arabes avaient voulu être français, citoyens français.

Qu'ils avaient voulu voter, participer à la vie politique et économique du pays. Le territoire était français, c'était l'Algérie française, mais les gens qui le peuplaient dans leur majorité, eux, n'avaient pas le droit de l'être. La communauté juive, à qui on avait préalablement refusé les droits, avait fini par les obtenir quand mes aïeux, eux, étaient des sous-citoyens. Je constate avec une ironie bien triste que ceux qui prônent aujourd'hui l'assimilation à tous crins sont très proches idéologiquement de ceux qui se satisfaisaient, alors, du statut d'indigènes des Arabes, refusant qu'ils puissent devenir un jour des citoyens assimilés. « Là-bas, nous refusions que vous deveniez nous ; en revanche, ici, nous refusons que vous restiez vous », semblent-ils nous dire.

Aujourd'hui, tout se passe comme si les descendants des anciens colonisés qui sont devenus français ne l'étaient jamais assez. L'assimilation, si abrupte, ne reviendrait-elle pas à effacer leur identité culturelle et leur histoire ? Certes, l'intégration a été dévoyée. Mais ces dernières quarante années ont poussé au communautarisme, avec une attitude de relégation construite de mépris : au fond, n'est-il pas plus simple de maintenir les immigrés dans leur folklore, avec leurs boubous, djembés, couscous et djellabas ? Encore une manière de leur dire « Surtout, restez entre vous, ne devenez pas comme nous. » *Quid* de la véritable intégration ? Ce n'est pas de la tolérance que les personnes issues de l'immigration attendent. La tolérance, ce n'est pas l'acceptation. Ce n'est pas pétri d'amour. C'est lorsqu'on ne peut pas aimer que l'on tolère.

La tolérance ne forge pas des frères, des compatriotes. J'ai tendance à renvoyer dos à dos cette tolérance de l'intégration dévoyée et l'intolérance que représenterait l'assimilation forcée. Je rêve à une nouvelle orientation qui porterait le nom d'inclusion. Ce ne serait pas ce « vivre-ensemble » tant vanté, qui aboutit à faire vivre côte à côte les gens ; ce serait, pour fonder des liens solides, fraternels, un faire ensemble : je t'inclus dans mon histoire, dans mon référentiel, dans ma fraternité, dans cette nation, dans mon bateau France. Je t'inclus économiquement, intellectuellement, philosophiquement. Je refonde avec toi, chaque jour, notre pays.

Certains ont su se défaire d'une histoire mal racontée ou, bien souvent, pas racontée (et donc déformée, fantasmée, inventée). Et ils ont réussi à se construire, sans amertume et sans détestation. Mais pour d'autres, les bagages étaient moins légers, et il faudra tôt ou tard apprendre à s'en délester car, nous le savons, cette histoire de décolonisation n'est pas terminée. Elle se rappelle à nous par déflagrations. Elle descend, comme une rivière devenue fleuve, torrent, sur les générations qui se succèdent. 1962 est à la fois si loin et si proche de nous. Nous avons eu le temps d'assister au phénomène inquiétant de désintégration de certains jeunes, qui ne charrient plus ni la culture française, ni la culture de leur pays d'origine. Nous en sommes rendus là, après des décennies de mépris social et de racisme. Quand une société vous renvoie sans cesse à vos origines en les honnissant, vous finissez par y revenir vous-mêmes et par en être fiers. Et je ne crois pas du tout ce que ce soit avec les idées d'Éric Zemmour et de ses amis qu'on puisse donner la possibilité à certaines personnes en difficulté identitaire de prendre part à la nation française. D'autant que le discours de Zemmour sur les maghrébins est un ramassis de mensonges et de fantasmes. J'en veux pour preuve la manière qu'il a de dire que les Arabes et les Noirs ont chassé les Blancs des cités… comme si les immigrés avaient eu le choix pour se loger ! Ou encore sa manière de diffuser la croyance selon laquelle les hommes choisissent une femme au bled, une vision périmée et délirante de l'indigène. Arrêtons-nous d'ailleurs trois secondes sur ce mot d'indigène, et regardons comment l'Autre, l'ennemi du « vrai Français », a changé de nomination au fur et à mesure des décennies. D'indigène il est d'abord devenu beur (arabe en verlan). « La marche des beurs » du début des années 1980 était une marche pour l'égalité et, on semble l'oublier, pour la francité ! De beurs, nous sommes ensuite devenus « les Arabes ». Après le 11 septembre, nous sommes devenus « les musulmans ». La boucle était bouclée. Nous sommes un repoussoir adaptable aux peurs et aux détestations d'une époque donnée, qui se succèdent sans fin. Les générations se suivent, la séparation demeure. Quand serons-nous enfin français ?

Chapitre 4

Enfants d'une famille modeste

Peu après leur mariage, en 1975, mes parents quittent La Garenne-Colombes. Ils s'établissent dans la ville voisine, à Colombes. Ils accueillent Farid, mon frère aîné, deux années plus tard, puis mon frère Rachid. Ma sœur Dalila arrive très peu de temps après. Trois naissances rapprochées et un seul salaire pour faire vivre tout ce petit monde, car ma mère a, depuis, quitté son emploi de couturière pour s'occuper des enfants. Quelques années s'écoulent avant que les deux derniers de la famille voient le jour. Moi, puis mon petit frère, Hakim. Nous sommes sept à la maison. Une famille nombreuse, comme on dit. On raconte que ça apprend le sens du partage. Je dirais, avec un trait d'humour, que ça apprend surtout à cacher ses bonbons ! Parce qu'il n'y en aura jamais assez pour tout le monde…

On se souvient de moi comme une petite fille très expressive, qui cultive un goût pour la répartie. Tout comme Farid, j'ai hérité mes grands yeux verts de mes grands-mères. Lorsque ces yeux s'ouvrent, mon regard est vif, et quand je commence à parler, je ne passe pas inaperçue. De mon enfance, je garde le souvenir d'une bonne scolarité et de professeurs bienveillants, qui connaissaient notre fratrie. C'était encore l'époque où un enseignant pouvait rester vingt ans dans le même établissement, et il en résultait une proximité chaleureuse. Au-delà de ça, nous étions identifiables. Quand quelqu'un cherchait ma mère dans le quartier – à cette époque, pas de téléphone portable, pas d'internet, souvenez-vous, on parlait directement aux gens pour demander des renseignements, on frappait, même, parfois aux portes – il la décrivait comme « la mère de famille kabyle avec de très beaux enfants ». Il est vrai que nous faisions sensation. J'avais donc ces grands yeux verts et ces boucles blondes ; ma sœur, avec ses cheveux lisses et noirs, semblait eurasienne. Farid aussi était un beau garçon, brun avec les yeux bleu-gris. Rachid avait le teint hâlé et Hakim lui ressemblait, avec la peau plus claire. Mes frères avaient tous la coupe au bol, c'était l'époque… De Colombes, de ces temps-là, je me souviens d'une période heureuse et d'amis en nombre. Déjà, je le sais, je mobilisais par la parole et l'attention, j'avais un public.

Enfants d'une famille modeste, nous n'avions pas de loisirs et possédions très peu de jouets. Vous dire que j'ai appris à faire du vélo à dix ans en classe de nature, que je n'avais jamais eu l'occasion d'en faire avant, vous permet de mesurer notre dénuement. Seuls deux autres élèves de la classe partageaient ma condition, et nous avions terriblement honte. Un jour de randonnée à vélo durant cette classe verte, nous étions restés tous les trois avec la maîtresse, en laissant partir tous les autres. Nous, les trois

« losers » de la classe, qui n'étaient même pas amis, avons été pris en charge par l'enseignante. Pourquoi ne pas en profiter pour apprendre enfin à faire de la bicyclette ? Ce ne fut pas chose aisée pour les pré-ados que nous étions. Je me souviens de ces allers et retours, des encouragements de la maîtresse, et des chutes, aussi ! Nous mettions tous les trois beaucoup d'orgueil dans cette affaire, sans doute trop… En fin de journée, pourtant, nous savions faire du vélo et, parce que nous avions relevé ensemble ce défi, des liens s'étaient créés entre nous. L'enseignante, elle, avait accompli sa mission. De connivence avec elle, nous avions décidé de surprendre nos camarades quand ils reviendraient de leur balade. Les voyant arriver, nous sommes venus vers eux en pédalant. De loin, déjà, on entendait la clameur, leurs félicitations. Immense fierté… Je crois que c'est un peu ça, la mission de l'Éducation nationale : transmettre un savoir ou un savoir-faire, rétablir autant que faire ce peu l'égalité des chances entre les élèves, créer l'esprit du collectif et de la fraternité, ne laisser personne au bord du chemin. Je me rappelle aussi des lettres que l'on recevait pendant cette classe de nature. Les parents avaient le droit d'envoyer des courriers et même des colis. Certains n'en recevaient pas et pour eux je trouvais ça très dur, même s'ils faisaient mine de s'en moquer, histoire de ne pas perdre la face. Mon père à moi, connaissant ma gourmandise, m'envoyait des sucreries, que je partageais volontiers avec ceux qui ne recevaient rien.

C'est aussi à cette époque que s'est ouverte celle qu'on a appelée « la décennie noire », la guerre civile déchirant l'Algérie, le pouvoir luttant contre les islamistes. Ma mère continuait de se rendre en Algérie pour visiter sa famille mais, pour des raisons de sécurité, refusait de nous emmener avec elle. Privés de Kabylie, nous avons passé un certain nombre d'étés, cinq peut-être, je crois, avec notre père, seul adulte en charge de tout. Le travail, la maison, les cinq enfants. N'est-ce pas déjà une figure féministe, ce père formidable? Tout le mois de juillet, il nous inscrivait au centre de loisirs. À l'usine, il se débrouillait pour faire des horaires aménagés, afin de se libérer pour venir nous chercher. Avant et après le travail, il se chargeait des courses, du ménage, des repas, des bains et des douches. Le week-end, il se démenait pour nous faire faire des activités, nous emmener au parc. Le mois d'août était plus simple, dans la mesure où il ne travaillait pas. Là encore, nous étions avec lui.

Figure féministe, j'insiste. Car dans les années quatre-vingt-dix et dans ce milieu ouvrier d'origine maghrébine, quel père de famille faisait tout cela pour cinq enfants? À dire vrai, cette forme d'implication masculine n'existait ni chez les Franco-Algériens, ni chez les Français tout court. Encore aujourd'hui, trouvez-moi un père qui s'occuperait seul de ses cinq enfants pendant deux mois sans que cela n'instille de tensions dans son couple. Votre femme dans sa famille, certes dans un pays en guerre, mais elle vous laisse en rade à Paris l'été avec les cinq, pour cinq années de suite, vous ne tiquez pas? Lui trouvait cela normal, et partageait sa volonté de ne pas nous emmener. De son côté, il ne partait pas là-bas voir sa famille, mais il faut dire que le frère de Papa était en France la moitié du temps pour son travail. En Algérie, il lui restait sa mère et sa sœur, certes, mais le cocon familial existait davantage du côté de ma mère. Ce qui comptait pour Papa, en réalité, sa vraie famille, c'était ses enfants. Quand il venait en Kabylie pendant un mois – et dans le village de sa femme ! – c'était surtout pour nous retrouver.

N'allez pas croire non plus que mon père était mené à la baguette par Maman. Une autorité naturelle a toujours émané de lui, il savait inspirer le respect. Lorsque Dalila et moi sommes arrivées à l'adolescence, il a dit à mes trois frères : « Mes filles, il n'y en a pas un qui touche un seul de leurs cheveux. C'est moi, leur père. Si elles font des bêtises, c'est moi qui suis responsable. » Et il s'était permis d'ajouter cette phrase : « Mes filles n'ont pas trois ou quatre pères, elles n'en ont qu'un, c'est bien entendu ? » Si l'ingérence des frères peut exister, et dans les années quatre-vingt-dix, le machisme et le sexisme étaient encore très présents en France, la violence est-elle inévitable ? Elle m'apparaît encore comme un de ces mythes que l'on colle sur les familles d'origine immigrée. En termes de remise au point musclée, je n'ai qu'un seul souvenir, une gifle que mon père m'a infligée. Je ne me souviens plus de ce que j'avais dit encore pour l'énerver… Je suppose, en plus, qu'il a dû me donner dix francs ensuite… C'était plutôt ma mère qui œuvrait pour nous donner des fessées, quand on était petits. Je crois que Papa n'a jamais considéré que cela servait à grand-chose. Sa virilité ne passait pas par l'exercice de la force physique, elle était peut-être plus réfléchie que cela. Par son travail, par son rythme effréné, sa ténacité, par l'effort qu'il produisait pour nourrir sa famille, il l'exprimait pleinement.

Papa était donc employé chez Phytosolba, un fabriquant qui produisait aussi les cosmétiques Lierac. Les deux marques n'étaient disponibles qu'en pharmacie et parapharmacie. Shampoings, soins capillaires, crèmes pour les rides, crème hydratante… Il travaillait à la fabrication de ces produits. Il arrivait qu'il ramène des bouteilles à la maison, celles qui comportaient un défaut d'étiquetage. À l'époque, les bouteilles étaient en verre et les caractères étaient imprimés directement sur la bouteille, elles valaient leur petite fortune. Aussi, quand la machine à étiquetage faisait des erreurs, plutôt que de jeter sa marchandise ou de se fatiguer à reprendre le produit, ce qui aurait nécessité de repasser plusieurs chaînes, l'entreprise permettait au personnel de se saisir des bouteilles et de les rapporter à la maison. C'est comme ça que les produits Phytosolba atterrissaient dans notre salle de bains. Des pauvres avec des produits de luxe, ce n'est pas un peu baroque ? Il y a que, comme tous les gens modestes, on avait ce qu'il est commun d'appeler « la culture de la débrouille ». Elle fonde la vie des habitants de quartiers populaires. Il s'agit d'une vie d'entraide, de troc, de services rendus. Vous pouviez avoir une maman qui était plus douée sur la question administrative que ses voisins, et qui s'occupaient des papiers de ses voisins ; une autre qui était calée pour recoudre les habits – la mienne en l'occurrence – et apte à rafistoler les vêtements. On vivait comme ça, parce qu'on savait très bien qu'à la fin du mois on ne touchait pas le pactole. Cet esprit d'entraide, fondamental, je l'ai bien connu. Autant quand j'étais enfant et que j'habitais non loin du centre-ville, en HLM, ou qu'ensuite j'ai retrouvé lorsque, plus tard, j'ai vécu en cité. Je reviendrai sur la vie en cité un peu plus tard, et sur les raisons qui ont poussé mes parents, ensuite, à vouloir s'installer en pavillon.

Chapitre 5

Un caractère bien trempé

Quand je suis rentrée au collège, mes parents avaient déjà, progressivement, desserré un peu le frein qui régissait la jeunesse de mes trois aînés. Loin de moi l'idée d'affirmer que mon petit frère et moi avons reçu une éducation laxiste, mais mon père et ma mère avaient appris à se détendre. Je crois que l'on devient parent petit à petit, au rythme de la jeunesse de ses enfants. Quand je pense que mes grands frères n'avaient pas le droit de dépasser la rue, d'aller au-delà de ce square Edgar-Quinet qui jouxtait notre immeuble… Remarquez bien, cela n'a pas empêché du tout Rachid d'être percuté par une voiture et de se retrouver avec la clavicule cassée. Mais cela vous donne une idée du niveau de surveillance qui s'exerçait sur eux. Combien de fois ai-je moi-même entendu : « Vous n'allez pas n'importe où, vous ne fréquentez pas n'importe qui… »

À ce moment-là, ma famille avait déménagé en cité. L'idée était pour moi de parvenir à m'en échapper le plus souvent possible. Parce que dites-vous bien qu'aux Fossés-Jean, il n'y avait strictement rien à faire. Y rester, c'était vraiment se condamner à l'ennui. Seules les courses au Leclerc attenant rythmaient nos vies dans le quartier. Et moi, pour avoir vécu toute mon enfance hors de la cité, je savais déjà que l'existence, mon existence, se construirait ailleurs. Ce que j'aimais faire, c'était surtout aller à Paris ou à La Défense, et faire du shopping avec mes amies. Certes, notre budget était très serré. Pour autant, nous rentrions dans une dizaine de boutiques et parvenions à dénicher ce petit top qui ne nous coûterait que cinquante francs. L'art de la débrouille, toujours ! Et puis je crois que c'était, avant toute chose, un prétexte pour se promener, pour découvrir le monde. Pour se parler aussi, des chanteurs à la mode ou de nos futures après-midis dansantes. Oui, car à cette époque, dans la seconde partie des années quatre-vingt-dix, se tenaient un peu partout, en Île-de-France, ce genre de festivités. Souvent, dans une grande salle, un DJ officiait, passant tous les hits du moment. C'était vraiment bon enfant, il y avait un bar sans alcool. Pas de réseaux sociaux, pas de téléphone portable, et pourtant des jeunes se passaient le mot, débarquaient de partout, se retrouvaient pour danser dans la bonne humeur. L'hiver, nous allions à la patinoire de Colombes, célèbre à cette époque car elle avait vu débuter Philippe Candeloro, le champion olympique de patinage artistique. Nous chaussions des patins et filions sur la glace sans trop savoir comment, mais nous nous débrouillions. En définitive, enfants de familles nombreuses et, pour la mienne, ne reposant que sur un seul salaire, nous avions tout de même assez peu accès aux loisirs. J'aurai rêvé de pratiquer la danse ou le chant, je crois même avoir demandé une ou deux fois s'il était possible de m'inscrire à l'une ou l'autre de ces activités. Quelques « non » répétés fermement auront suffi pour que je n'insiste pas. J'avais compris que mes parents avaient peu de moyens et que c'était inutile.

Je crois qu'on prend assez vite conscience qu'on est pauvre, lorsqu'on évolue dans ce genre de famille. Pour commencer, on ne porte jamais aucun vêtement qui n'ait déjà appartenu à ses frères et sœurs. Aucun, à l'exception de certains achats de rentrée, ou bien des vêtements offerts comme cadeaux d'anniversaire. Je lorgnais sur la troisième paire de basket Air Max de mes copines. Moi, j'aurai pu attendre longtemps ! Et puis, dans la classe, certains vont chez leurs grands-parents passer les vacances. D'autres encore plus chanceux séjournent au bord de la mer, parce que leurs parents louent une maison l'été. Nous, on ne partait ni chez Mamie dans la Creuse, ni aux Sables-d'Olonne pour faire de la voile ; on n'avait pas de chocolats à Pâques ; ni de cadeaux à Noël, hormis ceux du comité d'entreprise de Phytosolba. Ce dont je me rappelle en revanche, c'est d'une sorte de traitement de faveur de mes deux grands frères. Nos parents étaient à la fois plus stricts avec eux et paradoxalement plus enclins à les occuper. Je pense, avec le recul, qu'ils avaient peur qu'ils ne tombent dans la délinquance en grandissant en cité. Alors ils ont été inscrits à diverses activités sportives, afin qu'ils se dépensent intelligemment et ne traînent pas dans la rue pour y faire de bêtises. Football, boxe, mais aussi karaté… Tout y est passé. Et pendant ce temps, nous, les trois derniers, on pouvait bien s'occuper tous seuls ! Dalila, la grande, avait en priorité la charge de s'occuper des deux autres. « Les deux petits », comme Maman nous appelait, elle qui obligeait ma sœur à nous emmener partout lorsqu'elle sortait de la maison les mercredis pour passer l'après-midi chez l'une ou l'autre de ses amies. Avec le recul, je mesure combien cela devait être pénible pour elle.

Pendant ces années, a continué de se forger mon caractère bien trempé. On dit souvent de moi que j'ose faire les choses, les dire, mettre les pieds dans le plat. Culottée, moi ? C'est vrai, ça vient de loin, et cela me rappelle un souvenir de l'année de mes dix-sept ans. À l'époque, j'avais le droit de sortir le soir uniquement le week-end, et seulement pour dormir chez Laura, ma meilleure amie. Si je n'avais pas prévenu, je devais être à la maison avant vingt heures. Vingt heures était l'heure du dîner et mes parents ne supportaient pas qu'on y déroge. À ce moment-là, si j'étais encore dehors, je recevais invariablement un appel de mon père sur mon antique Nokia 3310. Une fois, sur un coup de tête, Laura et moi nous sommes parties en week-end au ski. Parties au ski. Comme ça, sans prévenir. Laura avait déjà ses dix-huit ans et conduisait une Fiat Punto. Sans chaussures de ski ni combinaison, nous voilà dans les Alpes pour un week-end de trois jours, quand soudain le téléphone sonne, peu avant vingt heures. C'est mon père, évidemment, qui me demande où je suis. Je lui réponds du tac au tac :

« Je suis au ski.

– Sans blague, tu es où, Rose ?

– Je t'assure, Papa. Je suis au ski avec Laura. Il a fait très beau aujourd'hui, d'ailleurs. »

Voyant que je suis sérieuse, mon père marque une pause. Passé la stupéfaction, il prend conscience que j'ai fait quelque chose d'un peu dingue et poursuit.

« Bon, tu es où au ski vraiment ? Alors mais où ?

– Mais dans les Alpes, Papa !

– Mais… Mais… Pourquoi tu ne m'as pas demandé avant ? »

À moi de m'arrêter de rire. Je lui déclare, avec le plus de sincérité possible :

« Bah, Papa… Tu allais dire non…

– Et donc, tu y vas sans mon accord, c'est bien ça ?

– Bah, là… Ça va être compliqué pour toi de refuser… »

Au bout du téléphone, mon père devine mon sourire. Alors, il éclate de rire. Intérieurement, je suis soulagée.

« Envoie une carte postale quand même ! s'exclame-t-il. Bon, et plus sérieusement, dis-moi quand tu rentres. »

Mon père a toujours aimé mon audace. Lui, qui a quitté la maison de ses parents très jeune, qui a rejoint la France, je crois qu'il a toujours compris mes envies de vivre ma vie. J'ai également hérité de son côté bon vivant. On a retrouvé des photos de lui en soirée avec ses amis, notamment celles où il se prend pour un guitariste de rock dans les années soixante-dix, et il n'avait pas l'air de s'ennuyer. En dépit de la pauvreté, des épreuves par lesquelles il est passé, il a su s'amuser, profiter et rire. A-t-il pour autant imaginé que j'ai fait le mur une bonne partie des vacances que je passais avec Laura durant notre adolescence ? Nous allions au camping dans le Nord avec sa mère et son beau-père. Nous avions interdiction de sortir le soir. Que faut-il de plus à deux ados en recherche d'aventures ? Après le dîner, tandis que les deux adultes rejoignaient la caravane, nous gagnions notre tente. Une fois dedans, on faisait semblant de se coucher tôt. Quand j'y repense, ce n'est vraiment pas crédible… Il fallait être bien naïfs, ou peut-être fermer les yeux, pour ne pas imaginer que nous n'allions pas nous habiller et nous maquiller pour sortir ! C'était un peu avant que Laura ait le permis, avant l'épisode du week-end au ski : on sortait de la tente à bas bruit, à la nuit tombée, on portait nos vélos sur l'épaule pour que personne ne nous entende, sur le chemin caillouteux du camping. Heureusement pour nous, la mode était, dans les années quatre-vingt-dix, aux grosses chaussures de docker. On n'était donc pas en talons. Une fois parvenues sur la départementale, nous enfourchions nos bicyclettes. Je disais à Laura : « Mets-toi devant quand même, qu'on nous voie ! », car la lampe de mon vélo ne fonctionnait pas. Depuis le camping de Quend Plage, déjà situé à sept kilomètres de la ville, nous nous rendions jusqu'à Fort-Mahon. Douze kilomètres en tout. C'était tout de même une petite trotte. Le tout, sur les routes de campagne. Au retour, je me rappelle qu'il y avait de la brume. Nous chantions, nous nous parlions, rigolions. Et puis, aussi, on était deux. Seule, cela aurait été vraiment dangereux.

Il m'arrive parfois de repenser à notre inconscience, à la lumière de ma maturité ou en ayant en tête quelques programmes télévisuels anxiogènes, comme *Crimes et faits divers* de Jean-Marc Morandini, ou évidemment l'emblématique *Faites entrer l'accusé*. Je me dis alors qu'on agissait vraiment légèrement et qu'on aurait pu faire une mauvaise rencontre. Pour autant, je n'ai jamais pris de risques. Je ne suis même jamais montée dans la voiture de quelqu'un qui avait bu, pour aller en boîte ou en revenir. J'avais tout de même des repères, des parents très présents. Ma mère est protectrice et mon père incarnait solidement la loi à la maison. Alors, on peut enfreindre cette loi, mais on sait qu'elle existe, il nous reste une alarme. Au fond de nous, on ne peut pas ignorer que les parents ont raison. J'ai le souvenir d'un accident médiatisé, sur l'A 86, de jeunes qui étaient dans mon lycée. Je crois que j'étais en seconde. Ils sont décédés sur la route en rentrant de boîte de nuit. Cet évènement m'a profondément marquée.

Pour ce qui concerne le monde rural, je n'ai pas attendu de faire le mur dans le Nord pour les connaître. Bien que j'aie passé le plus clair de mes vacances à la maison, ou en Algérie l'été, j'ai eu la chance de partir pendant quelques années avec ma sœur à la campagne en Belgique avec une association chrétienne. Nous étions enfants et allions toujours dans la même famille, à la ferme, où nous buvions du lait frais – je détestais cela ! C'était sympathique, et pour nous exotique, puisque nous les accompagnions même à l'église le dimanche. D'une manière générale, j'aime la fréquentation des bâtiments religieux. Il n'y a pas un village que je visite sans entrer dans l'église. Ça ne fait pas de moi une chrétienne, mais ça fait sans doute de moi une Française. C'est souvent l'édifice le plus beau de la commune, et cela reste pour moi une maison de Dieu. J'ai le même genre de réflexion en ce qui concerne les synagogues. Je n'ai pas été élevée chez les laïcards, je ne suis pas une antireligieuse. J'ai donc pour les religions beaucoup de respect. Je suis toujours habitée d'un profond respect lorsque j'entre dans une église. Ce n'est pas un supermarché.

Aussi, quand Notre-Dame de Paris a brûlé, en 2019, j'ai appelé à ce qu'on finance la réparation. Par la suite, il y a eu de grosses cagnottes mais pour moi, au départ, c'était tellement important, tellement évident. Notre-Dame est une partie de notre patrimoine tellement fondamentale que la voir disparaître m'a tout de suite donné envie de la sauver. Cette réflexion patrimoniale me permet de voir plus loin : je crois que jamais je n'appellerai à déboulonner une quelconque statue pour des raisons idéologiques. Il me semble en revanche bon d'expliquer qui sont ces figures historiques, jusqu'au bout, jusque dans leurs contradictions. Il y a lieu, par exemple, d'admirer celle de Napoléon Bonaparte. Nul n'en disconviendra, il est ce qui s'appelle un « grand homme ». Il n'avait pas trente ans quand il a voulu conquérir le monde. Il est sacré empereur à l'âge de trente-cinq ans. C'est pour moi un modèle de volonté humaine. Et pour la France, quel visionnaire ! Son Code civil structure encore la société de notre pays. En revanche, je crois que l'on devrait savoir qu'il a maintenu l'esclavage dans les territoires annexés depuis l'empire colonial britannique et comment il l'a rétabli sur des territoires qui l'avaient vu aboli, comme la Martinique et la Guyane. Ce ne serait pas faire offense à sa mémoire, ce serait en avoir une connaissance plus juste. La part d'ombre des grands hommes ne les rapetisse pas, elle les rend plus réels, leur confère un caractère humain (pour le meilleur et pour le pire).

Chapitre 6

Vivre en cité

La cité des Fossés-Jean de Colombes, donc. C'est le nom de ce lieu dont j'ai tenté de m'extraire une bonne partie de mon adolescence. Notre installation n'y fut pas volontaire, seulement l'ancien appartement était devenu trop petit. À cinq enfants dans la même chambre, ça ne pouvait plus durer. Alors, pour avoir plus grand, on a dû aller vivre là-bas, à quelques encablures de la grosse tour Z, bâtiment emblématique du quartier. Pour ma famille, le changement était radical. D'abord parce qu'auparavant, nous habitions un immeuble de cinq étages, avec deux appartements par palier. Chaque porte de résidence donnait accès à trois bâtiments (A, B ou C). Cette organisation de l'espace était à l'échelle des habitants et tout le monde se connaissait. Aux Fossés-Jean, rien de semblable, il y avait quinze portes par palier. Les barres de cité étaient – et sont toujours, d'ailleurs – conçues de deux manières : soit elles s'étalent en longueur, soit elles s'étalent en largeur. Notre barre à nous, établie seulement sur cinq étages, était très longue. Une véritable plongée dans l'anonymat, une rupture radicale avec l'humanité dans laquelle, malgré la pauvreté, nous baignions.

Même si elle s'est liée d'amitié avec certaines femmes, ma mère a très mal vécu sa vie aux Fossés-Jean. Elle qui était habituée à connaître ses voisins n'a pas vraiment supporté l'anonymat, résultant de la surpopulation, que le mode de vie en cité implique. Sans parler de son caractère oppressant. Certes, on avait déjà eu un aperçu de ce que pouvaient être les bandes de gamins qui se baladaient dans le centre-ville, mais on n'avait pas forcément envie de les croiser tous les jours. Ce qui était nouveau, c'était d'avoir chaque jour ou presque des dealers de shit dans la cage d'escalier. À l'époque, l'économie de la drogue avait principalement lieu dans ces endroits de passage. Sans doute y avait-il des gens qui coupaient le cannabis chez eux, mais ça se passait encore pas mal dans les halls et dans les caves. La pratique des « nourrices » était déjà répandue, ces pères, mères ou personnes âgées désargentées, et qui acceptent de planquer la drogue, l'argent ou les armes à feu des dealers en échange d'une rétribution. Au reste, la drogue, il n'y en n'avait pas que dans notre immeuble, c'était un peu partout. Bien sûr, pour une mère de famille comme la mienne, c'est assez préoccupant. Ce n'est certainement pas le genre d'environnement qu'on veut pour ses enfants. Évidemment, on ne peut pas dire que les dealers nous nuisaient directement. Ils ne nous ont jamais agressés, mais c'était une présence oppressante. Ce n'était pas agréable du tout, d'avoir de manière permanente une dizaine de jeunes dans son hall. Maman pensait que ce n'était pas un mode de vie adapté. Non, ce n'était pas normal, en fait, de survivre dans ces grands immeubles sales, bétonnés, et de n'avoir pour activité que le Leclerc du coin.

D'autant que les Fossés-Jean semblaient isolés du reste du monde. Dans ce type de cité, vous retrouverez toujours la même configuration : une épicerie, un bureau de Poste, une antenne de mairie, une boulangerie, un tabac, deux ou trois sandwicheries, un parc pas très loin. L'isolation des habitants est très bien organisée. Tout est fait pour que la sortie de la cité soit la plus rare possible. En revanche, pas de marchand de journaux, ni d'opticiens, de salle de sport franchisée, pas de magasin de vêtements non plus, comme si ces habitants ne portaient pas de lunettes, de vêtements, n'allaient pas faire de sport. Qu'on aille ensuite nous expliquer que la solution réside dans la mixité sociale. Qui, sinon ceux qui n'ont pas le choix, voudraient aller vivre dans des endroits pareils ? Au moment où la Caisse des allocations familiales s'est rapprochée de la cité, j'ai pensé que les autorités s'étaient dit, un peu cyniquement : « La grande majorité des utilisateurs du guichet social est là-bas, on va le leur rapprocher, pour être certain qu'ils ne sortent pas du périmètre qu'on leur alloue. Si on ne les voit pas au centre-ville, on pourra les oublier. »

Moi, j'insistais, je sortais de la cité. J'allais à La Défense, j'allais à Saint-Lazare, sur les Champs Élysées. Ma mère, elle aussi, était bien décidée à en sortir. D'abord, elle a continué d'aller au marché du centre-ville. Et, surtout, elle a trouvé le moyen de nous y laisser scolarisés. Je me rappelle ce CPE d'origine pied-noir, qui connaissait tout le monde et cherchait à nous aider. C'est le même qui a vivement conseillé à nos parents de ne pas nous changer d'établissement, afin que nous continuions à fréquenter des gens socialement divers. L'altérité est une chance, c'est une passerelle vers la liberté. Certes, on était dans un collège situé en zone d'éducation prioritaire, mais il valait mieux que celui des Fossés-Jean. Pendant ce temps, ma mère se mettait en quête d'autre chose. Tous les week-ends, on pouvait la voir faire le pied de grue dans les agences immobilières du secteur, à la recherche d'un pavillon à acheter qui rentrerait dans les frais de la famille. Sortir de la cité a vraiment été un objectif pour elle, c'est ça qui lui a permis de tenir toutes ces années.

Les parents ont fini par la trouver, la maison de leurs rêves. Bien sûr, le pavillon n'est pas idéalement situé. Il est à côté de l'hôpital, non loin de la cité des Grèves, là où, en 2003, s'est produit le démantèlement impressionnant d'un trafic de drogues. Lorsqu'ils l'ont acheté, mes parents se sont pourtant sentis libérés. Dans sa tête, toutes ces années, ma mère se disait qu'elle préférait manger du pain sec mais avoir sa maison, même située en bout de zone pavillonnaire. Aujourd'hui, mon père a terminé de la payer, et ils y vivent heureux. Heureux, avec leur petite retraite, de ne pas avoir de loyer à payer. Une bonne partie de ma jeunesse, j'ai entendu mes parents dire « il faut vite finir le prêt », et c'est sans doute ce qui m'a poussée, aussi, à devenir propriétaire assez vite. Papa l'avait calculé, il ne resterait pas longtemps à la retraite avec le prêt, peut-être deux ou trois ans. Ces quelques années n'ont pas été faciles, mais ils s'en sont sortis. Aujourd'hui, je sais que mes parents vivent à peu près correctement parce qu'ils n'ont pas de loyer à payer. À eux deux, ayant élevé cinq enfants avec un seul petit salaire, ils ont très peu d'économies. Réussir ce qu'ils ont fait et malgré tout pouvoir s'acheter un pavillon, ce n'est pas rien. Désormais c'est nous, enfants, qui pouvons prendre le relais et aider. Mais même avec notre soutien, je n'ignore pas qu'ils réfléchissent à chaque fois qu'il faut dépenser.

Revenons une seconde à la vie en cité et à sa violence. Sa violence directe, je dirais que je ne l'ai pas ou très peu connue personnellement, mais que je l'ai côtoyée de près. Tout est venu de l'essor du trafic de drogue. Je sais qu'avant le shit, il y a eu l'héroïne. Qu'à Nanterre, c'était une véritable hécatombe. Des gens qui venaient de l'extérieur pour avoir leur dose, des jeunes de la cité qui tombaient dedans, des familles endeuillées. Ce fléau a traumatisé tout le monde, on retrouvait des gens morts d'overdose dans les parties communes des tours. Les drogués à l'héro, on les appelait les « schlags », et à un moment, c'était trop, on ne voulait plus de schlags. Les gens ont fini par faire la chasse aux dealers de drogues dures. C'est la raison pour laquelle le shit, moins mortel car il ne provoque pas le genre de dépendance fatale qui a cours avec les opiacés, s'est installé progressivement dans les cités. La raison pour laquelle, aussi, généralement, il y a eu une forme de tolérance pour ces drogues dites douces. Aujourd'hui encore, elles bénéficient d'une image récréative, portée par la musique et le cinéma. Alors que le shit, pour les habitants des cités, c'est un enfer quotidien. Ces trafics, qui étaient et sont toujours régis par la loi du territoire, et surtout la loi du plus fort, ont entraîné un ensemble de règlements de compte dont les habitants de ces cités ont fait les frais. La présence des armes se révèle l'élément le plus anxiogène. Je me rappelle cela, que ça a déjà tiré dans ma cité. J'ai, d'autre part, le souvenir d'un type qui en avait coursé un autre avec un sabre, le genre de situation suffisamment exceptionnelle pour qu'on s'en souvienne. Cela n'arrivait pas tous les quatre matins. Aussi, lorsqu'on dit qu'il y a de la violence dans certains quartiers, on se rend compte que c'est d'abord une *possibilité* de violence qui plane : on sait que certains sont armés, on sait que les armes peuvent jaillir. On vit là-bas, en sachant qu'il y a des armes en circulation, des chefs de gangs et des règles de territoire. Voilà.

Il arrive parfois que ces lois territoriales volent en éclats. Cela vaut déclaration de guerre. Ainsi, cet individu provenant de la cité d'Estienne-d'Orves, qui passait par les Fossés-Jean en revenant de Gennevilliers : des jeunes avaient voulu lui voler son scooter, mais il était parvenu à s'enfuir. Cela avait suffi pour qu'il ameute sa bande d'Estienne-d'Orves. Tous ses camarades se sont alors mis en tête de faire une descente dans notre quartier, pour retrouver les agresseurs. Seulement ceux d'en face ne se sont pas laissé faire, il y a eu un « match retour » : des étrangers étaient venus sur leur territoire les agresser.

« Va me chercher mon fusil », a hurlé un type de la cité des Quatre Chemins à Colombes (ami des jeunes d'Estienne-d'Orves) à son cadet qui, bien que tétanisé, s'est tout de même exécuté. Des coups de fusil retentissent et la seule balle qui crée des dommages touche un innocent, un ami du tireur, qui n'avait rien à voir avec le conflit. La personne qui est décédée ce jour-là était un homme plus âgé que les voyous, et qui était venu là pour tenter de calmer le jeu. Son épouse attendait un enfant. C'était un vrai drame. J'avais 19 ans, je connaissais la victime, on louait sa bienveillance et sa douceur, et cette histoire de balle perdue m'a traumatisée. Comment, d'une tentative de vol de scooter, on en arrive à la mort d'un homme ? Voilà le genre d'histoire qu'on ne vit pas forcément ailleurs. Ces évènements, bien qu'isolés, et bien qu'ils ne m'aient pas directement concernée, ont forgé mon expérience. Ils m'ont poussée à m'intéresser aux quartiers populaires.

Chapitre 7
Sur les quartiers populaires

Sur la question de la banlieue, en tant qu'intervenante dans les médias, j'essaie, autant que faire se peut, d'offrir une grille de lecture personnelle. Je souhaite apporter un peu de justice pour les habitants de ces quartiers défavorisés. Je n'ai jamais souhaité être un porte-voix (de fait, les voix sont si nombreuses, les aspirations si diverses). Je n'ai jamais voulu faire de mes origines ou de ma classe sociale un étendard. J'ai simplement voulu parler de cette réalité en étant juste, construite, argumentée, nuancée, sans nier les difficultés, sans réduire ceux que la vie des quartiers concerne à un groupe ethnique, religieux ou une origine. C'est un peu à la manière de ce micro que j'ai su saisir, non sans quelques éclats de voix, que je saisis désormais l'opportunité d'écrire pour essayer de vous transmettre ce que j'ai dans les tripes. Afin de vous dire qui je suis, vous livrer un peu de moi, vous qui ne connaissez que la guerrière – parfois seule contre tous à la télévision – et qui refuse pourtant de se démonter.

C'est comme ça que c'est arrivé, que cela arrive souvent. Et sur la question des banlieues, je suis toujours prête à monter au créneau. Rappelez-vous l'épisode du plateau de Jean-Marc Morandini que je vous ai raconté au début de ce livre, le jour où l'on en est venu à parler de la cité marseillaise de la Kallisté. Voyez comme mon cri de révolte est celui d'une personne qui connaît par expérience la réalité de ces endroits relégués, repoussoirs pour tout le monde, et qui sait combien les politiciens sont doués pour frapper aux portes de leurs habitants quand ils sont en période d'élection, puis comment ils disparaissent ensuite. Pour ne pas être comme eux, quelqu'un qui s'émeut sur un plateau de télévision et en reste là, j'ai accepté de descendre à Marseille, avec Jean-Marc et ses caméras.

Parce que j'avais apostrophé Samia Ghali durant l'émission précédente, maire du 8e secteur de Marseille, on a décidé de lui donner rendez-vous à la Kallisté. Ce jour-là, j'y suis bien accueillie, les habitants me reconnaissent. Ils m'apprennent que les squatteurs nigérians ont incendié un appartement. Ils sont exaspérés, au bord de l'explosion. Samia Ghali, elle, ne descend pas tout de suite dans l'arène. En *off*, j'apprends que ses équipes ont tenté par deux fois d'annuler l'émission. Morandini lui-même lui passe un appel pour tenter de débloquer la situation. Elle aurait même pris soin de faire disposer, dans la foule, des personnes de son équipe. Cela m'avait été rapporté après l'émission, par des habitants du quartier qui sont entrés en confrontation avec ces personnes, jugeant ces pratiques parfaitement malhonnêtes. Jusqu'à présent, cette élue de la majorité s'est beaucoup exprimée, mais elle s'est bien gardée d'aller voir comment les gens survivaient ici. Lorsqu'elle était dans l'opposition, sa virulence n'avait pas d'égal. Par exemple, elle était capable de déclarer qu'elle allait régler la question de l'insécurité dans les quartiers en envoyant l'armée... Une fois aux responsabilités, il ne se passe rien !

Sept ans déjà que les clandestins nigérians squattent les bâtiments H et F. Ghali est parfaitement au courant de la situation. Quand elle consent à arriver, l'émission peut enfin démarrer. La première personne qui s'adresse à elle est un homme âgé, un propriétaire occupant. « La police ne vient pas », soupire-t-il. Déjà à court d'argument, Ghali affirme : « Moi aussi, je me suis déjà fait cambrioler, et puis j'ai grandi dans les bidonvilles, rien à voir avec ici... », une tentative de relativisation de l'enfer des habitants de la Kallisté. Cela me fait bondir. Et quand le sujet se porte sur les combats à la machette des Nigérians, je ne tiens plus, j'explose. Je rappelle à l'élue qu'elle vit de l'argent public depuis vingt ans et qu'il est temps pour elle de prendre ses responsabilités. Les habitants m'applaudissent alors. Ce clash restera l'un des plus électriques de ma carrière télévisuelle, mais j'en suis fière en constatant le soutien des habitants et la manière dont mes mots ont fait monter au créneau Samia Ghali, qui s'est soudainement mise à m'invectiver en me tutoyant. J'ai le sentiment d'avoir appuyé là où ça faisait mal. Elle a dû brièvement se revoir il y a vingt ans, invectivant les politiques pour obtenir justice, et comprendre qu'elle était devenue l'une des leurs, aussi silencieuse et inefficace. Comment oui, comment arrive-t-elle à dormir quand une partie de sa ville se transforme en favelas ? Ça, on ne le saura jamais puisqu'elle menace bientôt de quitter les lieux si je lui adresse encore la parole... Les habitants de la Kallisté ne vivent ni libres ni égaux. De la devise républicaine, il ne leur reste plus que la fraternité, mais on se demande bien comment elle peut exister dans ces conditions. De la devise républicaine, ces élus ont fait un paillasson.

Moi je me suis construite dans ces environnements-là. On les dépeint si hostiles et de façon si dégradante, ces quartiers populaires devenus un mal français, j'ai grandi entourée de ces « issus de l'immigration ». Personnellement, je ne me suis jamais considérée comme « issue de l'immigration ». Je suis héritière de l'immigration, héritière des histoires, riches et complexes, celle avec un grand H et celles avec un petit H. C'est pourquoi le pragmatisme et la confrontation au réel m'empêchent de cultiver une vision binaire de la banlieue et me poussent sans cesse à composer avec les humains qui y vivent, leurs souffrances et leurs joies, leurs trajectoires, fussent-elles chaotiques. La vie n'est pas faite que de salauds et de victimes, pas plus que de purs et de profiteurs, ou d'éternels redevables. En France, on aime beaucoup les portraits robots. Les étiquettes : beur, rebeu, renoi, migrant, blédard, beurgeois, arabe de service, nègre de maison, bounty, sauvageons, beurette, salaf, et j'en passe... Qu'ils aient réussi ou non, les qualificatifs pour désigner les habitant des cités, ou ceux qui en proviennent sont toujours dégradants. Voyez-vous combien il est facile de jeter l'opprobre sur ceux à qui on ne donne jamais la parole ?

Pourquoi vouloir absolument enfermer ces personnes, comme si elles ne pouvaient penser par elles-mêmes, ou que leur histoire, ou que leur environnement les conditionnait inexorablement ? Il suffirait, pour commencer, d'admettre que l'esprit critique est capable de s'y développer, comme partout et ensuite, que les personnes ayant l'immigration en héritage n'ont jamais formé un groupe monolithique. Chacun le sait, mais tout le monde continue de faire comme s'il en était autrement. De la même manière, on continue à vouloir parler d'un « vote musulman » alors que la religion musulmane se sécularise en France et qu'il y a autant de musulmans que d'individus. On parle encore des « jeunes de quartiers » comme si les membres de cette jeunesse avaient tous le même destin, le même comportement, les mêmes aspirations. Qu'ils étaient la même personne. La mauvaise foi est sans limite, on véhicule encore ce fantasme des jeunes filles de banlieue qui renonceraient à la minijupe quand un tour au lycée du coin vous démontre le contraire, où *crop top* et jeans troués, escarpins et baskets cohabitent avec les robes longues et les voiles. Vous l'ignoriez ? Il y a bien plus de jeunes passionnés par le foot, le *gaming*, la vidéo, la musique ou les voyages, l'entreprenariat que de jeunes qui sont guetteurs pour les trafiquants. Un arbre qui tombe fait plus de bruit qu'une forêt qui pousse… Cela ne signifie pas qu'il faille nier la réalité de la délinquance et du trafic de drogue qui pourrissent la vie des habitants des quartiers. Cependant, on minimise trop souvent l'impact de la stigmatisation dont ils sont victimes.

Chapitre 8

Face aux épreuves

Mon adolescence a également été marquée par un drame personnel, une épreuve qui est l'origine de ma capacité de résilience et de ma combativité. Mais aussi de ma capacité à être en empathie avec ceux qui souffrent. Je suis en classe de cinquième, âgée de douze ans, lorsque l'on m'annonce que je souffre d'un cancer. Il s'agit d'un lymphome de Hodgkin, qui se manifeste par une augmentation de volume des ganglions lymphatiques, au niveau du cou et jusque sous les aisselles. Et même si la maladie se soigne, on entre tout de suite dans le registre de la gravité. « Cancer » appelle un champ sémantique morbide voire mortel, et c'était encore plus le cas il y a vingt-cinq ou trente ans. À cette époque, notez bien que sans internet, sans cette encyclopédie ambulante qu'on a toujours avec soi dans la poche, il m'était difficile de savoir réellement ce que j'avais. Alors je me « construis » ma maladie lors de mes rendez-vous chez l'oncologue. Il s'agit d'un vieux médecin, il est toujours accompagné de sa femme, médecin elle aussi, plus jeune que lui. Ma mère m'accompagne alors.

Le protocole impliquait un traitement médicamenteux. Et, dans le cas où cela ne serait pas assez efficace, la fameuse chimiothérapie. À douze ans, lorsque j'entends « chimiothérapie », je panique. Ça ne m'apparaît pas du tout rassurant ! À la maison, mes parents font un choix singulier, ils décident de ne pas préciser à mes frères et à ma sœur la nature du mal qui me ronge. Au collège Gay-Lussac, en bonne intelligence avec le corps enseignant, avec mes camarades, on appliquera exactement la même politique. Je deviendrai même la seule élève à avoir le droit de porter une casquette dans l'enceinte de l'établissement pour cacher ma chute de cheveux, pendant la chimio. Curieusement, les élèves ne poseront aucune question. La pudeur, vraisemblablement. Ils devaient bien se douter. La peur d'être indiscrets. Seul le prof d'EPS a demandé une fois que j'enlève ma casquette – gros loupé : il n'était pas au courant. Je suis allée chez le CPE, en larmes. C'est donc coiffée d'une casquette que je vais vivre mon année de cinquième. Encore heureux que la mode soit aux cheveux courts et aux habits *street wear*. C'est l'époque de Demi Moore et de sa coupe au bol. Céline Dion porte encore elle aussi cette coupe à la garçonne qu'elle abandonnera quelques années plus tard. De cette période-là, très peu de photos de moi ont subsisté. Heureusement, je crois. Et, à la toute fin, plus mes cheveux repoussaient, plus je reprenais ma place dans la « normalité ». Je reviendrai plus tard sur cette notion-là.

Les médicaments : un nombre considérable, presque comique, de comprimés à avaler à chaque repas. Moins drôle, c'est une série d'effets secondaires très désagréables. Le plus souvent, ils m'atteignent tous en même temps : vomissement et nausées, constipation. Quand le traitement prendra fin, le vieux professeur palpera encore mes ganglions. Il semblera insatisfait du résultat. C'est à ce moment-là qu'il envisagera donc la chimio. Juste avant a lieu l'opération chirurgicale, visant à me faire suivre le protocole de chimio le moins lourd possible. On me retirera trois ganglions dans le cou. Cette opération me laissera une longue cicatrice (longtemps elle a constitué un complexe pour moi, aujourd'hui j'ai appris à vivre avec et je ne la vois même plus). C'est la marque physique, le stigmate de cette période particulière de mon existence. Au réveil de l'opération, je vois mon père pleurer. Ses pleurs expriment la peur de me perdre, l'amour qu'il a pour moi. Je lui rétorque alors immédiatement : « Non Papa, regarde : je vais bien ! Ne pleure pas pour moi, je t'en prie. » Pas facile, je vous assure, de consoler son père.

La chimiothérapie, cette plongée dans l'inconnu. Ce sont des rendez-vous à l'hôpital pour des séances, où le traitement m'est directement administré dans les veines. On nous a bien prévenus, mes parents et moi, que j'allais perdre mes cheveux. On me souffle qu'ils seraient judicieux de me les couper avant, pour que je ne me retrouve pas avec des touffes entières dans la baignoire à chaque fois que je les lave. Pragmatique, ma mère m'emmène donc chez Saint Algue pour une coupe à la garçonne. Là, la coiffeuse qui s'occupe de moi n'a pas l'air vraiment convaincue par ce qu'elle est en train de faire. Autour de moi, il n'y a que des dames du troisième âge. Je suis au bord des larmes mais je me contiens. Quand la coiffeuse me tend le miroir, je déteste ma nouvelle tête. En rentrant à la maison, je pense : « Franchement, avec cette longueur de cheveux, autant se faire une coiffure à la *Happy Days.* » Alors j'attrape un pot de gel pour les cheveux appartenant à l'un de mes frères et je me gomine comme Fonzy, le garçon « cool » du feuilleton, les cheveux en arrière. Je me rappelle aussi ma mère, sans état d'âme, ou plutôt masquant au maximum son inquiétude pour moi dans l'exécution d'une feuille de route assez froide. Le premier jour de la chimio, elle ne peut pas m'accompagner. De couturière, elle est devenue, après s'être consacrée à l'éducation de ses enfants, assistante maternelle. Et ce jour-là, elle a rendez-vous à la PMI (Protection maternelle et infantile) pour le travail. Alors elle m'indique : « Bon, tu vas prendre le bus, descendre à tel arrêt, te présenter à tel endroit dans l'hôpital… » En y repensant, c'est quand même plutôt rude ! Je dois pourtant lui rendre justice, car elle a été très présente durant ma maladie, avec cette force intérieure, cette décision qu'elle avait prise intérieurement que, coûte que coûte, j'allais guérir. Je ne sais pas si elle savait réellement ce qu'était une chimiothérapie, si elle avait pris la mesure de cette injection de produits très puissants en intraveineuse. Sur le moment, j'imagine qu'elle ne réalise pas la lourdeur du processus.

À ce premier rendez-vous d'hospitalisation en ambulatoire, moi aussi, j'y vais sans trop savoir ce qui m'attend. « Ils vont à l'école, moi je vais en chimio ». J'y pense mi-atterrée, mi-amusée. J'ai encore l'humour pour moi. Munie de mon ticket, j'attrape le bus 235 en bas de la maison. Je vais jusqu'au terminus, et le bus me dépose devant l'hôpital. Je me rappelle m'être penchée sur mon propre cas pendant le trajet, comme si j'étais quelqu'un d'autre. Presque aucune émotion. Avais-je vraiment le choix ? Enfant, on vit ce qu'on doit vivre, dans l'instant, on accepte. En rendant consciente et présente leur maladie, les adultes ouvrent la porte aux émotions. Je veux croire que c'est aussi pour cela que les cancers d'enfant répondent bien aux traitements : mettre trop d'affect et d'angoisse ne participe pas à la guérison. Les enfants sont pragmatiques, et cela leur confère plus de résilience. Ils sont mêmes capables de penser calmement la mort. Dans le même temps, le courage leur vient aussi du fait qu'ils sont principalement préoccupés par leurs histoires d'enfant. Dans le bus, je pense, je ne fais que penser. La période des médicaments était difficile, est-ce que les séances vont faire mal ? Est-ce que je vais pouvoir voir mes amies, rire avec elles, est-ce que je vais pouvoir retourner à l'école ?

Une infirmière m'accueille. Elle me dit qu'elle va s'occuper de moi. C'est une grande pièce, avec des sortes de boxs : des lits et des rideaux qui les séparent les uns des autres. Là, il s'avère que mes cheveux ne sont pas assez courts… « Ma puce, me souffle l'infirmière, viens voir. » Là, elle caresse le dos de sa main avec son index en me disant : « Il faut couper encore tes cheveux, ils sont trop longs. » Elle est adorable, mais je vois bien qu'elle est débordée. C'est mon premier vrai contact avec l'hôpital, le monde des soignants, quelque chose qui me marquera à vie, et qui nourrit toujours ma réflexion sur la question aujourd'hui, la vision de ces professionnels qui doivent tout gérer en même temps, répondre à tous, pour un salaire de misère. Elle revient avec une paire de ciseaux pour que je me recoupe les cheveux. Je ne peux pas oublier ce moment. La précarité de la situation, l'infirmière qui vit avec une horloge dans la tête, qui doit s'occuper de trop de gens à la fois et ne peut même pas accorder du temps et de l'importance à sa petite patiente. Imaginez-moi à douze ans, toute seule, une enfant livrée à elle-même, à devoir me couper les cheveux avant un traitement de chimio. Alors, je coupe, je coupe au hasard, je me rends méconnaissable. Pour glacer les bulbes capillaires, les rendre insensibles à la chimiothérapie, pour limiter la perte de cheveux, on m'a disposée une sorte de casque sur la tête, avec des glaçons. Je suis d'avis que ça marche moyennement mais je ne me plains de rien. Sensation de chaud et de froid. Incapacité d'aller aux toilettes entre deux grosses seringues qu'on m'injecte dans les veines. J'encaisse. Je ne m'étendrai pas sur la radiothérapie qui a suivi. Je vous dirais seulement qu'elle a laissé une trace sur mon petit corps de pré-ado, j'ai une aisselle qu'il m'est devenu inutile d'épiler.

J'ai guéri, j'en suis sortie. Le cancer m'a fait pousser intérieurement. Il y a eu un avant et un après. Il m'a appris à oser regarder les problèmes, les blessures en face, pour avoir le courage d'y venir à bout.

S'il y a bien un domaine dans lequel on devrait faire preuve d'humanité, faire passer en premier l'humain, c'est celui de la santé. Les soignants le souhaitent, ils ont choisi leur métier pour ça, pour soulager et soigner, pour les autres. Le système, hélas, joue contre eux. La rationalisation prend le dessus : on gère alors l'humain comme une marchandise, ou comme on fait du contrôle de gestion. Sans toutefois penser que l'hôpital public soit devenu un *business*, je crois vraiment qu'il est désormais géré comme une entreprise. Or ça n'a pas de sens, ce n'est proprement pas possible. Les patients ont besoin de temps et de présence. Le processus doit être vécu, incarné, accompagné. Ce dont le patient a besoin, c'est d'un peu de considération, mais le soignant ne peut pas la lui donner s'il n'en a pas les moyens, dans un hôpital-machine, qui fonctionne à la cadence d'une usine. Or, l'infirmière n'est pas une ouvrière, les patients ne sont pas des produits. Nous ne sommes pas sur une chaîne de production. Cette réflexion m'amène à vous évoquer un autre épisode qui a touché les miens il n'y a pas longtemps. Ma mère a récemment eu un cancer du sein. Préoccupée par la maladie de mon frère – ce sera l'objet du prochain chapitre – et Covid aidant, elle a retardé le moment de faire faire une mammographie. Quand elle a enfin pu la faire, elle a dû effectuer une série d'examens complémentaires à l'hôpital d'Argenteuil, parce que l'examen n'était pas normal. Après cela, on lui donne rendez-vous avec un chirurgien. « Vous avez un cancer du sein, lui annonce-t-il sans préavis, il faut retirer la tumeur. Attendez, j'ai une disponibilité pour l'opération à telle date, ça vous convient ? » Cela s'est réellement passé ainsi, comme si on lui avait parlé d'une dent cariée. C'était technique, froid, brutal. Ma mère a été choquée, sans voix. Après quelques secondes, elle a bredouillé qu'elle devait d'abord en parler à sa famille, qu'elle devait disposer d'un peu plus de temps. C'est au moment des préparations de l'opération avec l'anesthésiste, trois jours avant l'opération prévue, qu'on a découvert que ma mère était cardiaque. La date en a donc été reculée. Quand je pense aux nombres d'appels qu'on a dû passer pour obtenir que notre mère passe le test d'efforts, et que c'est lui seul qui a permis de déceler son problème cardiaque ! Tout cela n'a vraiment rien de rassurant…

En définitive, ma mère s'est détournée de l'hôpital d'Argenteuil et elle a choisi d'être suivie à l'Institut Curie, à Saint-Cloud. Elle est venue y trouver ce qu'elle cherchait : un niveau de bienveillance et d'écoute acceptable, une prise en charge humaine et empathique. Le médecin qui s'est occupé d'elle a pris le temps de lui expliquer sa maladie, ainsi que l'opération qu'elle allait vivre. Il a fait des dessins pour qu'elle visualise bien, elle s'est sentie considérée. À l'hôpital d'Argenteuil, elle a vraiment vécu un choc psychologique, elle était secouée, parce qu'elle n'a pas pu comprendre, se figurer les choses. C'est nous, c'est notre corps que cela concerne, nous porterons les cicatrices toute notre vie ! C'est légitime de vouloir des explications. Je crois vraiment qu'à l'Institut Curie, le personnel soignant s'est mis à son niveau. Un peu comme si elle était assise et que quelqu'un s'inclinait à ses côtés pour lui montrer quelque chose et la rassurer. Aujourd'hui, ma mère n'a plus qu'un sein. Elle a subi deux opérations car elle a d'abord pensé à sauver son sein, mais cela n'a pas été possible. Quand moqueuse, pour relativiser, j'ose lui déclarer : « Franchement Maman, ce n'est pas comme si tu t'en servais beaucoup ! », elle éclate de rire.

Chapitre 9
Hakim

Il en faut, de la résilience et du courage. Pour soi-même, pour les siens. Pour les autres, pour avoir le droit de parler en leur nom. Il faut avoir traversé la maladie et la douleur, la peur, celle de mourir, celle de faire souffrir sa famille et ses amis en disparaissant, pour savoir tenir tête au malheur. Je ne prétends pas être un génie ou même une gagnante. Je ne règne pas sur un grand empire industriel, je ne suis pas puissante au sens économique du terme. Mais traverser la maladie, l'affronter et accompagner ceux qu'elle touche, je sais faire. Je suis puissante de savoir être faible, d'accepter ma faiblesse, car c'est ainsi que je peux accepter celle des autres. J'ai été à bonne école avec mon cancer, me direz-vous. Mais il y a également la maladie de mon frère. Hakim souffre d'une maladie neurologique rare connue sous le nom de syndrome de Behçet. Elle touche en France environ dix personnes par an. Après avoir souffert d'aphtes, il s'est progressivement mis à avoir mal au genou, puis à marcher en boitant. Il est allé voir le médecin de ville et il a aussi consulté les urgences de l'hôpital. Hélas, la maladie de Hakim est si rare que les soignants ne l'ont pas identifiée tout de suite. Pourtant, il avait tout pour être heureux. C'était un jeune homme comme les autres. Certes, il a peut-être laissé traîner et permis au mal d'empirer. Ce n'est vraiment que lorsqu'il a commencé à baver quand il ouvrait la bouche pour parler qu'on a décidé d'investiguer : il se passait quelque chose, c'était certain. Il fallait savoir.

Hakim a passé de multiples examens à l'hôpital Foch de Suresnes et là, le diagnostic est tombé. À cette occasion, il a dû être hospitalisé une semaine. Ce fut très difficile pour lui. D'accepter, en premier lieu, qu'il était malade. Personne ne vit une maladie comme son voisin, ce que cela nous renvoie à nous, à notre idée de la vitalité, à notre existence, est toujours assez personnel. Chaque jour, nous lui avons rendu visite afin de le soutenir, de lui apporter ce courage et cette affection dont il avait besoin. Il a alors commencé la rééducation, sans vraiment savoir si l'usage normal de sa jambe reviendrait. On ne sait pas encore grand-chose sur ce mal mystérieux. Aujourd'hui, les médecins ont réussi à stopper l'avance de la maladie chez mon frère. Hakim ne souffre plus d'aphtes, mais il n'a pas retrouvé l'usage normal de sa jambe. Il sait aussi qu'il ne pourra pas avoir d'enfant et cela l'affecte profondément. Il ne peut plus, non plus, exercer son métier de voiturier. Son élocution est devenue accidentée, elle s'est dégradée, et son tonus mental aussi. Je crois que la maladie de mon frère m'a plus affecté que le cancer de ma mère ou même que mon propre cancer. Je n'ai pas encore tout à fait accepté l'injustice qui s'abat sur lui, je ne me remets pas de le voir si diminué, d'être si impuissante. Ma mère, comme moi, nous sommes restées les mêmes. Hakim, lui, a profondément changé, sa vie a basculé. C'est beaucoup trop injuste.

Est-on un jour préparé à ça, à voir son propre frère, éclatant de santé hier, se mettre à parler tout seul, d'une voix altérée ? On doit pourtant faire face. Alors nous l'avons soutenu, nous le soutenons toujours. Une maladie comme celle de Hakim a des répercussions sur tout le tissu familial, car on s'en occupe désormais comme d'un enfant. Il faut tout lui rappeler. Regarder avant de traverser, ne pas oublier le déjeuner, ne pas oublier de prendre sa douche… Ce n'est plus la même personne. C'est aussi nous qui nous chargeons de lui faire prendre l'air sinon, la plupart du temps, il n'y pense pas. Il y a bien des moments où il sort, mais c'est toujours seul, car les amis se font désormais rares. Il a malgré tout conscience de tout ce qui se passe, il a gardé son humour, sa mémoire n'a pas non plus été altérée. J'essaie de lui faire plaisir. Comme pour l'un de ses anniversaires, où j'ai fait faire un gâteau à étages, avec sur le dessus, une photo montage de Dominique Rizet, l'un des présentateurs de *Faites entrer l'accusé*, son programme fétiche et, à la place de Rachid M'Barki, son acolyte, la tête de Hakim. Je connais bien Dominique et il a accepté de venir pour son anniversaire. Une véritable surprise pour mon frère, qui ne pouvait s'y attendre. Ils ont passé tout l'après-midi à discuter. Hakim était si heureux. Un jour, je lui ai aussi permis de converser en visio avec Fianso, un rappeur, et Naps, un autre rappeur. C'est cela aussi, être une grande sœur : lui permettre, de temps à autre, d'alléger son fardeau.

Pour diminuer notre charge quotidienne à ses côtés, il y aurait bien des accueils de jour, des gens pour s'occuper de lui la journée, mais il faudrait encore refaire un dossier. Pour le moment, c'est la famille qui s'en occupe. Mais ce sera l'objet de mon prochain combat. Je souhaite qu'on lui fasse faire des activités, car il en manque, et la famille ne peut pas tout. Je parle de combat à dessein. Laissez-moi vous en parler. Nous avons complété pour lui un dossier à renvoyer à la Maison départementale pour les personnes handicapées (MDPH), afin qu'il touche une pension d'invalidité, ce qui a fini par arriver, après un an d'incertitude. Ce parcours du combattant jusqu'à l'obtention de la pension a été riche d'enseignements. D'abord, je me suis rendu compte que le simple fait d'être dans une position de demandeur est psychologiquement difficile, en ce qu'elle nous place dans un rôle d'assisté. Raison pour laquelle, par fierté et au regard de la longueur de la procédure, certaines familles renoncent assez rapidement. Ce qui m'a frappée ensuite, c'est le côté standard, froid, du dossier. Il ne prend pas en compte le caractère évolutif d'une maladie, dans un sens ou l'autre. Pour prendre un exemple très concret, il a fallu à un moment trouver une solution pour faire le ménage de mon frère, qui n'était plus en mesure de le faire. Nous ne voulions pas que ma mère, affaiblie par son cancer et ses problèmes cardiaques, s'en occupe. Une prise en charge aurait été possible. Mais la simple idée de refaire tout le dossier et d'être encore en train de quémander nous a finalement poussés à prendre une femme de ménage nous-mêmes. Quand on accompagne un malade, la charge mentale est énorme. On rêve que notre rôle se limite à aller au cinéma ou à la piscine avec lui. À la place, on perd un temps et une énergie folle à lui dire et redire d'aller se laver. Tant de choses que nous avions minimisées lors de la première demande se sont avérées très lourdes. Est-il bon que Hakim reste chez mes parents, ne doit-il pas rejoindre un centre de jour pour suivre des activités adaptées ? Le handicap vous tombe dessus un beau jour. Et bien sûr ce jour-là, pris par l'émotion, vous ne pensez pas au futur. On ne peut pas s'imaginer l'ampleur des besoins en fonction de l'évolution de l'état de santé du malade.

J'aurais encore beaucoup à dire sur les dossiers de la MDPH, ces dossiers qui sont encore en papier, qu'on doit remplir à la main et qui font passer Pôle emploi pour des champions de l'innovation. Si Pôle emploi, l'URSSAF, la CAF, les impôts ont réussi leur digitalisation, la MDPH devrait pouvoir le faire. Décourager la moindre demande en compliquant son accès, c'est à se demander si ce n'est pas une manière de faire des économies de prestation, en poussant les gens à ne plus oser faire des démarches… La MDPH doit basculer dans le XXIe siècle et passer au numérique, c'est une nécessité absolue. Les familles, les assistantes sociales du département, responsables de l'aide au montage du dossier, tout le monde y gagnerait. La création d'un espace personnalisé en ligne, avec la possibilité d'y apporter une modification contre justificatif, serait-ce trop demander ? Soyons fous, imaginons une boîte de dialogue, ou même un conseiller personnalisé… Des relances envoyées par courriel pour la demande de renouvellement des droits… Serait-ce franchement si compliqué ? Il faudrait aussi pouvoir consulter en direct le nombre de places disponibles dans les structures pour personnes porteuses d'un handicap. Au lieu de cela, on doit prospecter nous-mêmes, comme si on cherchait du travail. Et puis, comment faire entrer dans les cases d'une fiche, décrire sur quelques lignes l'impact d'un handicap ou les besoins qui sont les nôtres pour nous aider à vivre avec ? C'est si étroit, si réducteur. Pourquoi ne pas mettre en place de rendez-vous diagnostic avec une personne de la MDPH qui nous aiguillerait sur ce qu'il existe et sur ce que nous pouvons solliciter ? Nous, simples particuliers, ne sommes pas des professionnels du handicap ou des demandes d'aides. On se retrouve alors à devoir décrypter leur jargon et à lire sur des blogs ce qu'il est possible ou non de faire, avec ce sentiment poisseux de devoir faire preuve de stratégie pour obtenir ce qui est seulement un droit dans une situation de détresse. Voilà où en est en fait de service public, à quoi sert l'argent du contribuable, en ce qui concerne l'assistance aux plus faibles. La relation, quand elle n'est pas inexistante, est tout simplement malséante avec le service public. C'est ainsi qu'on se retrouve seuls, découragés, avec la honte de réclamer ce qui nous devrait nous échoir de droit. Il manque de l'humain, beaucoup d'humain dans la gestion administrative de la MDPH. Les personnes en situation de handicap, les malades méritent de l'empathie. On dit souvent que le degré de civilisation d'une société se mesure à la manière dont elle traite les plus faibles. Je pense qu'on a encore une bonne marge de progression.

Revenons à Hakim. Il avait des tas d'amis, désormais leurs visites sont devenues sporadiques. Beaucoup n'ont pas envie d'être confrontés à cela. Je ne les juge pas. La situation de mon frère les renvoie à la peur qu'ils ont d'être diminués, un jour, porteurs de handicap. En attendant, il y a toujours des gens qui nous font comprendre qu'il n'est pas dans la norme. Les regards qui tombent sur lui dans la rue sont lourds de sens. Et lourds tout court, d'ailleurs. Comment changer de regard sur le handicap ? D'abord en acceptant l'idée que la normalité est aussi constituée de gens qui ne sont pas valides. Il est normal que le monde soit divers, qu'il y ait des petits et des grands, des faibles, des forts, des hommes, des femmes, des gros, des maigres, des vieux et des jeunes, des malades et des bien-portants. Hakim fait partie de cette réalité normale que le monde validiste ne veut plus voir, qu'il repousse et cherche à ostraciser. La normalité, ce sont des embûches et des accidents, des réussites, des joies et des pleurs. La normalité, c'est de ne pas toujours être forts ni parfaits. Ce n'est pas une couverture de magazine *people*, la montée des marches du festival de Cannes. C'est aussi courir pour attraper son bus, glisser dans la rue, tomber, se casser le coude, comme cela est arrivé à mon père il n'y a pas si longtemps. Changer de regard sur le handicap passe par l'acceptation de ce qu'est la vie, sans *pathos*, sans pitié. Se dire que c'est normal, que la vie c'est peut-être à la fois la meilleure et la pire chose qui nous arrive, mais qu'il n'y en a pas d'autres.

Se dire une bonne fois pour tous que les handicapés sont des gens normaux adoucirait le regard des personnes qui, par leur jugement silencieux, leurs yeux assassins, m'ont heurtée plus d'une fois. Parfois mon frère n'est pas propre quand il mange, et alors ? Qu'est-ce que ça change, de quoi avez-vous peur ? Avec la maladie de mon frère, j'ai compris mieux que jamais combien le monde était également beau de tout ce qui n'allait pas et que faire disparaître tout ce qui dépasse nous conduit à en avoir une perception mensongère et dangereuse. Une âme, une destinée, un visage n'est *parfait* qu'avec ses blessures et ses cicatrices, son harmonie est aussi constituée de ce qui l'a marqué.

Je progresse petit à petit, j'essaie de ne pas toujours voir la maladie comme une injustice. Ce dont je suis certaine en revanche, c'est de l'injustice dont la société fait preuve à son égard. Vous écrivant tout ceci, j'ai envie de servir à quelque chose. La chance que j'ai, avec mon envie irrépressible de vivre, de faire, de rencontrer des gens, c'est que je ne suis jamais lassée d'essayer. J'ai envie d'apprendre au contact de Hakim, sur l'humanité, sur la compassion. J'ai envie de transmettre ce que j'en retire. Après tout, si le monde évolue dans le bon sens, si les rapports entre les gens se sont améliorés, c'est parce qu'on a parlé, c'est parce qu'on s'est ému, n'en déplaise aux politiques qui me font la leçon sur les plateaux télé parce qu'il ne faudrait pas réagir sous le coup de l'émotion. En fermant ce douloureux chapitre, je forme un vœu pieux : j'aimerais que la petite expérience rapportée ici puisse vous aider à changer votre regard et à ouvrir votre cœur.

Chapitre 10

Ma trajectoire

Revenons à l'ado que j'étais, après mon cancer, une jeune fille renforcée par l'épreuve. Plus que jamais, je n'ai pas ma langue dans ma poche, mais cela ne m'empêche pas d'être une élève studieuse. Quand j'arrive au lycée en 1997 et poursuis ma scolarité, en seconde, je figure parmi les meilleurs élèves de ma classe. À l'issue de cette année scolaire, chacun d'entre nous fait le choix de son orientation. Je choisis d'aller en première STT (sciences et technologies tertiaires). Cette décision provoque l'incompréhension de mon professeur principal. Il me convoque alors pour un entretien. Il entend me faire comprendre que je me trompe d'orientation. Malheureusement, il n'a pas les mots pour le dire, ni les compétences. Je considère aujourd'hui cet entretien, et la manière dont il a été conduit, comme un élément fondateur de ma vocation de conseillère en orientation. Tout part de là, de cette méconnaissance et de cette maladresse du professeur, incapable de déconstruire les croyances de l'élève que je fus. Tout en découle. C'est pour réparer ce fiasco que je me suis, sans doute, engagée dans la voie difficile consistant à aider les gens à devenir ce qu'ils veulent devenir, à être ce qu'ils sont déjà.

« Vos résultats sont excellents... En particulier en français... », fait remarquer l'enseignant. En m'écoutant lui redire quel est mon choix, la première STT, l'enseignant tique. Il me rétorque tout de go : « Mais pourquoi choisir une filière technique ? Comme je vous le disais, vos résultats sont excellents. » À moi de ne plus rien y comprendre. Ma grande sœur a fait STT avant moi, cela ne me paraît pas être une voie de garage. Au contraire, la filière ouvre sur des formations tertiaires, des métiers en rapport avec le commerce. Je me figure facilement les carrières qu'on peut mener. Quel est le problème, c'est pour les nuls, STT ? Quand l'enseignant me suggère la filière littéraire, je fais la moue. « On fait quoi avec ce bac, à part prof ? » Sa réponse n'en est pas une, puisqu'il me parle ensuite de la filière ES (économique et sociale). Je lui rétorque immédiatement : « Je ne veux pas aller en fac, monsieur. » Dans la représentation que je me faisais alors de la faculté, c'était un endroit où nous serions livrés à nous-mêmes, avec des cours auxquels nous ne serions même pas forcés d'assister. Par manque d'encadrement, je n'ignore pas qu'une grande proportion d'étudiants de l'université repique leur première année, plusieurs fois parfois. Cela semble flottant, sans visibilité. Moi, ce que je voulais, c'était un cursus utile, avec un vrai métier à la clé. Je conclus l'entretien en réaffirmant ma volonté d'aller en STT – on m'avait déjà imposé l'allemand en 5e, cette fois j'étais bien décidée à faire ce que je voulais. Le professeur ne trouve rien à redire.

En y repensant dix, quinze, vingt ans après, avec le recul et l'expérience, dotée d'une ouverture sur la société que je n'avais pas à seize ans, je suis révoltée. Je ne méprise en rien les filières techniques et professionnelles, mais je regrette que les jeunes n'aient pas accès aux bonnes informations et ne sachent rien de la réalité des cursus. Qu'un enseignant ne soit pas capable de démontrer à une bonne élève qu'il vaut mieux pour elle qu'elle reste dans la voie générale m'est resté en travers de la gorge. Pas une seconde, à cette époque, je n'imaginais l'existence des écoles de commerce, encore moins des classes préparatoires, ou des instituts d'études politiques. Je crois aussi que j'avais intériorisé le fait de ne pas faire de longues études pour ne pas coûter d'argent à mes parents, qui n'en avaient pas. Que l'enseignant n'ait pas eu la capacité de m'orienter comme il le fallait m'a longtemps paru impardonnable, mais en y resongeant aujourd'hui je mesure à quel point l'orientation est une compétence. Et ce n'était pas la sienne, ce n'était pas son métier. Dans un système où le professeur doit être omnipotent, certains s'en sortent mieux que d'autres. Un peu comme les élèves d'ailleurs. Lorsque je pense à ma trajectoire, je sais que j'ai pu rebondir et percer le plafond de verre. Même avant la réorientation, puisque j'ai fini directrice d'agence dans la banque. Mais combien n'ont pas su ou pas pu, combien de jeunes sont encore enfermés dans le destin que la société leur assigne ?

Je garde toute de même d'excellents souvenirs de première et de terminale. Nous avions une prof d'anglais, une juive marocaine haute en couleurs, qui était terriblement drôle. Une sorte d'Élie Kakou au féminin. Avec ça, elle avait une autorité naturelle. Pendant son cours, on n'avait pas le droit de bavarder, uniquement celui de participer. Autrement, le silence était la règle. Le bruit, elle ne l'autorisait que pendant l'appel, quand nous sortions nos affaires. Au fil des cours, on avait alors instauré le petit rituel consistant à faire la foire pendant l'appel. « Allez-y, disait-elle, profitez-en… C'est bientôt fini. » Étrangement, ces quelques minutes nous suffisaient car au moment où elle terminait l'appel, nous nous montrions disponibles et actifs. Si par hasard nous étions incapables de répéter la dernière phrase qu'elle avait prononcée, c'était zéro, direct. Lorsqu'on y parvenait, en revanche, elle répondait avec cette voix rebelle, comique et rock'n'roll : « Ouais, t'as de la chance, attention à toi, je t'ai à l'œil. » Parce qu'elle cherchait à nous faire rire, on savait qu'elle était bienveillante. Et puis, elle avait le don de nous faire participer, en parlant franglais, afin de mieux nous expliquer les règles de grammaire et la concordance des temps. Elle aimait être au milieu de nous, elle aimait ce qu'elle faisait.

Il y avait aussi le prof de philosophie. Il était très jeune et venait toujours en costume, sans doute dans l'espoir de se vieillir. Vous vous en doutez, j'étais plutôt de ceux qui participaient en cours. C'était le cours de philo qui m'enthousiasmait le plus. Le prof était incroyable parce qu'on avait le sentiment que rien ne pouvait le choquer. Au contraire, il nous poussait dans nos retranchements quand, de son côté, il ne se laissait jamais démonter, enfermer dans ses certitudes d'enseignant. C'était vraiment ce que j'appellerais un espace de dialogue, où la liberté d'expression était reine. J'ai souvenir de longs débats sur la vie, la mort, la religion, l'argent... Tant qu'on était capable de justifier, d'étayer ce que l'on affirmait, on avait la parole. Et puis il y avait aussi l'autorité naturelle que dégageait la prof d'économie. Elle était toujours tirée à quatre épingles, en tailleur-pantalon. Sa mise nous donnait le sentiment d'être privilégiés, nous étions les interlocuteurs d'une *executive woman* de compétition. Elle n'était pas toute jeune. Elle avait eu une première carrière en entreprise, ce qui tranchait avec les autres enseignants. Cela faisait qu'elle abordait l'économie, de manière incarnée, pragmatique. Elle ne restait jamais dans la théorie. Elle voulait nous considérer comme des adultes, et n'écrivait rien au tableau, afin qu'on prenne des notes. De notre côté, on ne se serait jamais autorisés à perturber son cours, alors même que nous imitions le bruit des animaux du poulailler en cours de maths... Il n'y a peut-être pas de classe difficile en soi, il y a sans doute des professeurs qui inspirent le respect et d'autres moins. D'autres qui ne savent pas y faire. Cela ne veut pas dire que je trouve acceptable d'être indiscipliné en cours, mais il y a aussi des évidences dans le rapport élève – enseignant. Aujourd'hui, j'aimerais que ma prof d'éco sache qu'elle est la personne qui m'a le plus donné envie de me lancer dans la vie active. Ses cours n'étaient pas seulement instructifs, ils étaient visionnaires. Plus de vingt ans après, je pense encore à des notions que j'ai abordées avec elle et qui peuvent s'appliquer sans problème aujourd'hui.

Après ce bac STT que j'avais choisi en référence au modèle de ma sœur, j'ai continué à suivre sa voie. Je suis allée vers la banque en me référant à son expérience, car elle avait été en CDD dans une agence, au guichet. C'est fou à quoi on doit son orientation professionnelle. Lorsqu'on est jeune, on s'accroche à ce que l'on connaît et qui nous rassure. Si un conseiller, un professeur, n'est pas capable de vous ouvrir d'autres horizons, vous demeurez dans vos certitudes. En fin de compte, ma sœur s'est reconvertie dix ans plus tard, exactement comme moi. À la trentaine, elle a repris ses études avec un master en finance, car elle n'avait jamais obtenu qu'un BTS. Elle est ainsi devenue analyste financière, avant de fonder sa propre entreprise. Je crois que si j'avais pu choisir en ayant plus de visibilité, j'aurai souhaité être avocate. Mais dans mon esprit, comme je l'écrivais plus haut, la faculté n'était pas très cotée. J'aurais également pu choisir des métiers d'ordre, comme ceux de l'armée ou de la police. Mais aucune possibilité de rencontrer avocats, militaires ou policiers ne s'était présentée. Mes références étaient réduites. Il y avait mon père, qui était ouvrier à l'usine. Ma mère, qui avait été couturière, puis assistante maternelle. Ma sœur, dont j'ai suivi la trace. Pour ce qui concerne mes deux frères aînés, l'un a fait des études en comptabilité, avant de devenir chauffeur de taxi, faute de trouver un emploi. Le second était doué pour le dessin mais s'est finalement orienté vers le commerce et les assurances. Je ne me suis pas posé beaucoup de questions, sans doute pas suffisamment. Mais rien, dans ma vie, ne me poussait à m'en poser.

Il est difficile de se projeter dans les métiers qu'on ne connaît que de noms – vétérinaire, médecin, policier, pompier, journaliste, styliste, informaticien – sans s'en approcher d'une manière ou d'une autre. Ce déficit de références perdure pour les jeunes d'aujourd'hui. Lors d'interventions scolaires autour de la citoyenneté, avec mon association Mouvement pour l'émancipation des territoires, nous demandons à chaque jeune ce qu'il ou elle souhaite faire comme métier plus tard. Sans surprise, les résultats dépendent grandement de l'établissement et sa localisation. Plus la zone est populaire, moins les carrières visées sont qualifiées. On constate aussi que le choix des métiers est bien sûr étroitement lié à celui des parents ou à l'environnement proche. Le déterminisme social a la dent dure, et les chiffres de l'INSEE ne font que confirmer ce que j'avance. Ils sont rares, les fils d'ouvrier qui réalisent des études supérieures. Concernant les personnes issues de l'immigration, la situation progresse mais longue est encore la route. Les dirigeants d'entreprises du CAC 40 issus de la diversité se comptent sur les doigts d'une main. Toute la bonne volonté et l'action du tissu associatif travaillant sur ses questions dans les quartiers ne suffisent pas. Seules la lutte contre le décrochage scolaire, la valorisation de la poursuite des études supérieures et la généralisation du mentorat pourront, de mon point de vue, durablement changer la donne. Le plafond de verre est parfois un mur de béton. Une fois fissuré, en apparaît sans doute un autre, cette fois indestructible. Personne ne peut nier cette barrière, on sait très bien qui est discriminé à l'embauche ou au logement. En 2023, on en est encore à faire des *testings* sur les CV avec photo pour prouver que c'est vrai. En revanche, jamais je ne tiendrai aux gamins un discours victimaire. Je souhaite simplement ne pas leur mentir : oui, la route sera longue et difficile. Je m'attache à dénoncer, à leur côté, l'injustice de ce système. D'un côté, il y a un escalier semé d'embûches, tandis que d'autres disposent d'ascenseurs rapides. L'idéal républicain s'abîme sur cette réalité.

L'espoir est permis. Les domaines sportif et culturel ont ouvert la voie. C'est parce que les équipements et les MJC étaient accessibles et en grand nombre là où ils vivaient qu'il existe des Kylian Mbappé, des Karim Benzema, des Jamel Debbouze, des Omar Sy, des Tahar Rahim ou encore une Diams, une Amel Bent. La culture et le sport, rencontrés à titre de loisirs, peuvent ainsi devenir le cadre de références pour certains jeunes. Je pense au projet Kourtrajmé du réalisateur Ladji Ly, association et collectif d'artistes qui œuvre dans le domaine de l'audiovisuel. Au Jamel Comedy Club, qui a permis de faire émerger de nombreux nouveaux talents. Je pense à l'initiative de Sefyu, qui a pratiqué le foot à haut niveau avant de devenir rappeur, qui soutient et promeut le projet du FC 93, celui d'un grand club basé à Bobigny (93) pour révéler les champions de demain. Le foot, le rap, le *stand up*, le cinéma, le chant, tout cela finit par porter ses fruits. Seulement, n'oublions pas que pour que le principe de « rôle modèle » fonctionne, il faut encore que la carrière qu'il promeut puisse exister « dans la vraie vie ». Or, beaucoup d'endroits sont encore dépourvus d'équipements. Les jeunes y meurent d'ennui. Ils n'ont pas accès à la forme la plus simple de loisir, zonent dehors, sans rien espérer de la vie. L'excellence ? N'en parlons même pas. Ce que l'on nommait autrefois la haute culture ou les humanités, cela ne correspond à aucune réalité et ne suscite d'ailleurs, la plupart du temps, aucun désir. Pourtant, si l'on prend l'exemple de la chef Zahia Ziouani, qui vient de Pantin (93), et de son orchestre Divertimento, on voit que c'est possible. Que se passerait-il, si tout le monde avait la chance d'accéder à la culture de manière égale et illimitée ?

Combien de réussites en entreprise, aussi, si l'on mettait plus souvent le pied à l'étrier à ces habitants regroupés et relégués pour disparaître à la vue du reste de la société française ? Le poids de l'assignation et du déterminisme serait plus léger à porter. Je pense en particulier à la formidable *success story* de Morald Chibout, fils d'ouvrier d'origine algérienne, issu d'une famille de douze enfants, docteur en économie, ancien DG d'Autolib et de Cnova, la branche e-commerce de Casino et Cdiscount. Rendre la banlieue plus visible, ses habitants, et montrer que nous pouvons être excellents dans ce que nous entreprenons, voilà un programme fédérateur, voilà mon ambition pour les quartiers populaires.

Chapitre 11

Sur l'orientation

Les références en termes de métiers, pour les jeunes, se construisent, elles ne se décrètent pas. Elles s'élaborent ensemble, jeunes et éducateurs (parents, professeurs, orienteurs, professionnels de l'entreprise). L'Éducation nationale doit changer de logiciel, s'enrichir de nouveaux outils, multiplier les talents. Une seule conseillère d'orientation pour tout un établissement, cela a-t-il vraiment du sens ? Je ne compte plus les exemples de jeunes à qui on a déclaré : « Tu es coquette, tu devrais te lancer de l'esthétique ou la coiffure », « Choisis un métier manuel, ça fera plaisir à ton père », « Médecin ? Tu n'y penses pas ! Tes parents ne pourront pas te payer des études, ce n'est pas un métier pour les gens comme toi. » On minimise l'impact que ce type de petites phrases ineptes peut avoir sur la trajectoire des individus. Le conditionnement induit, en fonction de la condition sociale, de l'apparence, que sais-je, et non des goûts et talents véritables, est une réalité profondément injuste, qu'il nous faut avoir le courage de remettre en cause.

Je reste persuadée qu'à l'aide d'un vrai *coaching* d'orientation, on pourrait faire de grandes choses. Il faudrait le penser avec un volet psychologique, qui permette à l'élève d'approfondir sa connaissance de soi, et un volet ressources humaines, qui rendrait accessibles et lisibles les formations possibles, les compétences à développer selon les métiers et les attentes des employeurs. Ces deux aspects seraient incarnés par deux personnes différentes, dans une perspective collaborative, autour de l'individu coaché. Tout ceci pour le remettre au cœur de ce qui le concerne, en partant de lui, ses valeurs et ses aspirations, pour lui apprendre à identifier ses talents, et lui révéler ce pour quoi il est fait.

L'orientation est une affaire sérieuse. Aussi, il est peut-être temps de se mettre à jour, de délester les enseignants, déjà surchargés, d'une tâche qui n'est pas la leur, quand vient à manquer un conseil en orientation. En parallèle, le corps professoral doit se concentrer sur son cœur de métier, à savoir la transmission des connaissances, la méthodologie de l'apprentissage, le développement du sens critique de l'élève. Les enseignants ne peuvent plus être en charge de tout. Quant aux forums métiers ou orientations, force est de constater qu'ils sont devenus obsolètes. L'orientation, c'est d'abord un travail personnel, qui doit faire usage de la logique autant que de l'intelligence émotionnelle, pour permettre de mieux se connaître. Je préconise que dès la 6e, du temps scolaire soit réservé pour ce faire, afin que cesse cette loi du couperet qui tombe, pour les élèves en 5e, en 3e, en terminale, qui les pousse à faire des choix non réfléchis... C'est aussi quelque chose à effectuer dans le temps. On peut penser à un travail pendant les vacances avec des pros et des associatifs, à qui on laisserait accès à l'école. Les vacances scolaires ne doivent pas systématiquement être perçues comme du temps de repos, il est envisageable de les utiliser pour travailler certains aspects de sa scolarité, qu'ils concernent le coaching scolaire ou l'orientation. Par effet miroir, l'institution scolaire en sortirait valorisée.

Une chose m'apparaît certaine, celle-ci ne doit pas rester repliée sur elle-même. Une collaboration plus systématique doit être mise en place avec les associations, qui ont souvent du mal à trouver des locaux pour recevoir les jeunes. Pourquoi ne pas permettre, non plus, à des entrepreneurs de travailler avec les élèves dans les écoles? Rendre accessible l'école pendant le temps de vacances (ou, tout aussi bien, le soir, le mercredi), permettrait ainsi de l'utiliser comme un incubateur, un laboratoire. Un *fablab*, où pourraient également se tenir des conférences animées par des professionnels. Je crois en la proximité et en la mutualisation. Au-delà de l'établissement scolaire, je pense aussi aux bibliothèques municipales, qui devraient être le lieu de vie des administrés avant d'accueillir la programmation d'un service municipal. Qu'elle puisse être pour les parents, les associations ou les entreprises un lieu d'accueil et de débat à propos de la jeunesse. Pour les jeunes également, encadrés par des éducateurs.

Voyez-vous tout ce qu'il serait possible de mettre en place ? Cela permettrait d'éviter le décrochage d'une population qui disparaît du radar dans l'indifférence du reste de la nation.

La méconnaissance de l'organisation de l'entreprise pèse également très lourd. L'association Entreprendre pour Apprendre (EPA) fait, pour y remédier, un boulot formidable, en faisant vivre à la jeunesse une expérience entrepreneuriale collective, en connectant jeunes, mentors et encadrants pour qu'ils puissent faire aboutir ensemble leurs projets. Il y a bien encore l'EIAPIC (Ensemble inter-associatif pour l'inter-culturel), qui a notamment développé un partenariat entre Mantes-la-Jolie et le lycée militaire de Saint-Cyr, avec des parcours d'excellence. Dans l'immédiat et sortis de ce genre d'initiatives associatives très innovantes, j'ai encore du mal à croire à l'implication de l'entreprise au collège ou au lycée. Cela peut facilement donner le sentiment que les entreprises font leur marché d'alternants. Les chambres de commerce et d'industrie et les chambres de métiers et de l'artisanat, dont la mission est d'accompagner les porteurs de projets, de la création de l'entreprise à sa disparition, seraient mieux à même d'assurer ce travail, en indemnisant les entreprises pour le temps et l'énergie qu'elles déploient dans les établissements, afin de faire découvrir leurs métiers. On peut aussi réfléchir à des solutions de défiscalisation ou à d'autres mesures incitatives, afin de créer un écosystème pérenne. Loin de se limiter à une simple visite ou à une rencontre unique, la démarche s'inscrirait dans le cadre d'un projet, des élèves iraient ensuite rejoindre l'entreprise et se retrouveraient, de fait, impliqués. Le but premier d'une entreprise, c'est l'augmentation de son chiffre d'affaires. Elle souhaite plus que tout créer de la richesse. Son temps, c'est donc de l'argent et lorsque ce temps n'est pas utilisé à créer de la richesse, c'est à perte qu'elle fonctionne. Alors, si l'on ne souhaite pas que les entreprises fassent leur marché dans les collèges et les lycées, il faut que le temps qu'elles consacrent à ces échanges soit récompensé, en permettant de fiscaliser ce temps, comme cela se produit quand elles s'engagent dans le mécénat de compétences auprès des associations.

Maintenant, parlons concrètement. Y a-t-il des PME prêtes à faire appel aux compétences des enseignants et de leurs élèves du lycée pour construire leur identité graphique, prendre en charge leur communication ? Quelles sont les entreprises prêtes à miser sur les talents de demain, les vocations d'aujourd'hui ? Pourquoi un chef cuisinier ne retravaillerait-il pas sa carte avec des élèves de CAP cuisine ? Pourquoi un informaticien ne créerait-il pas un site internet, des outils de communication avec les jeunes, au profit d'une association ? Mesurez combien ils ont besoin de « goûter » aux métiers, à quel point forums, visites et rencontres ne suffisent plus. Quant aux entreprises, elles ne le savent pas toujours, mais la nécessité pour elles de se nourrir des préoccupations des nouvelles générations, de se mettre à la page sur des compétences nouvelles, en essor, dues à l'évolution de la société, est primordiale.

Concernant l'échec et le décrochage, préoccupations qui précèdent celle de l'orientation de l'élève, il s'agirait de repérer et d'accompagner les difficultés dès le plus jeune âge. La médecine scolaire devrait avoir la capacité de détecter plus rapidement et plus systématiquement des pathologies physiques ou psychologiques liées non seulement au stress, au harcèlement scolaire, mais aussi à l'ennui, ainsi qu'au trouble de l'attention. Tous les « dys » doivent, enfin, faire l'objet d'un suivi attentif. Peut-on d'ailleurs se satisfaire d'avoir un seul médecin par département ? Dans l'idéal, il en faudrait un dans chaque établissement, ou un qui travaille à cheval sur deux ou trois établissements, avec une infirmière qui, elle, serait à temps plein. Il y a également urgence à ne plus laisser les parents décider ou non du redoublement de leur enfant, cela ne fait qu'ancrer les difficultés. Urgence, encore, à supprimer les Segpa (section d'enseignement général et professionnel adapté), des classes stigmatisantes pour des élèves qui en sortent avec le sentiment fortement ancré d'une valeur moindre. Que ces classes deviennent donc classes d'excellence, classes projet – autour d'une activité économique, d'un projet humanitaire, d'un livre rédigé collectivement, d'un court-métrage, que sais-je… La transmission des connaissances se ferait à travers un objet valorisant, dont la genèse serait initiée par les élèves. Les cours de français ou de mathématiques pourraient, pour une partie d'entre eux, se décliner dans la confection de cet objet – les maths seraient appliqués au calcul et la gestion du budget du projet, le français aurait toute sa place à travers les actions de communication. L'idée, c'est aussi de développer ce que l'on nomme des *soft skills* : il s'agit de compétences comportementales, recherchées en entreprise, et acquises dans le cadre d'un projet, à travers le jeu et la simulation ; les élèves travailleraient l'esprit d'équipe, l'autonomie, la confiance en soi, ou le leadership. Je pense à celui que les réseaux sociaux connaissent sous le nom de « Rachid L'instit », de son vrai nom Rachid Zerrouki, qui fait un travail extraordinaire avec sa classe de Segpa. Je lance des pistes, quand certains passent déjà à l'action et récoltent le fruit de leur engagement. Je pense à Jérémie Fontanieu, professeur d'économie du lycée Eugène-Delacroix de Drancy, suivi durant l'année 2021-2022 par les équipes de France Télévisions. Sa méthode, entre sévérité et humanisme, a fait ses preuves, tous ses élèves ont obtenu le baccalauréat.

Chapitre 12
Un nouveau départ

Si j'en suis arrivée à me passionner pour ces enjeux, c'est à la faveur d'un double mouvement. Non seulement je me suis réorientée, mais c'est dans le domaine de l'orientation que j'ai trouvé mon bonheur. Je suis donc doublement concernée. Après un choix d'études rapide et pas vraiment réfléchi, j'avais donc rejoint la banque. Mais je me posais de plus en plus de questions, sur les postes à responsabilité, si je pouvais explorer autre chose. Autour de moi, j'entendais parler de bilan de compétences et de reconversion. J'étais devenue directrice d'agence après d'excellents résultats et les perspectives d'évolution très verticales ne m'intéressaient pas. Plus j'évoluais et moins cela revêtait pour moi d'intérêt (d'autant que, dans la banque, les évolutions internes sur les postes « en transversal » sont inexistantes : vous ne pouvez passer de la direction d'une agence au marketing, par exemple, ou aux RH, alors que les compétences d'une personne ne sont pas réductibles à un diplôme ou une expérience). Après une dizaine d'années – délai qui est d'ailleurs assez classique, il permet d'avoir la latitude de peser le pour et le contre – je me suis moi-même lancée dans cette démarche. Où pourrais-je mieux me sentir au travail qu'aujourd'hui ? C'est la première question que l'on se pose. Une sorte de boîte de Pandore, qui nous conduit à prendre connaissance de formations et de métiers auxquels on n'a jamais pensé, principalement parce que leur accès nous était inconnu, ou que l'on ne jugeait pas concevable de pouvoir les approcher. C'est comme ça que j'ai découvert les métiers de l'insertion professionnelle. Ils étaient en accord avec les résultats des tests de personnalité que j'avais passés, qui m'orientaient vers l'humain et la relation. J'ai tout d'abord pensé à une formation d'assistante sociale, mais elle s'échelonnait sur trois ans. J'avais la possibilité de toucher deux ans de chômage, je ne pouvais pas financer la troisième année sur mes économies. La reconversion n'est donc pas pour tout le monde : il faut avoir du temps, il faut avoir de l'argent. Je trouve que l'on manque aussi de passerelles, de moyens offerts pour ne pas recommencer tout au début, à partir de la formation initiale. Parce qu'on a le droit d'avoir pris un mauvais chemin dans la vie, cela arrive. On a le droit à l'erreur. Je parlerais même de droit au changement. De droit à la découverte, de droit à l'essai. En fin de compte, j'ai suivi une formation d'un an pour devenir conseillère en orientation. Caractéristique bien française, cette passion du diplôme… Sans la bonne certification, il est impossible de travailler. Me voilà donc de nouveau sur les bancs de l'école. J'y ai appris évidemment beaucoup, même si j'ai éprouvé le besoin de m'autoformer en parallèle, en lisant des livres (sur le marché du travail, sur les métiers en tension…). Cet aspect-là m'apparaît important, la formation que l'on acquiert n'a pas à être uniquement verticale. Si l'on est passionné par quelque chose, on fait feu de tout bois.

C'est en choisissant de refaire une formation que je décide de faire de cette occasion un challenge complet, en déménageant dans le Var. On évoque souvent cette notion de « prise de risque ». En réalité, le risque est assez limité. Si cela ne se passe pas bien, qu'est-ce qui m'empêchait de remonter dans les Hauts-de-Seine ? Je n'ai jamais été angoissée à l'idée d'habiter ailleurs. De ce point de vue, je ressemble à un escargot, avec ma maison sur mon dos. Ma maison, c'est ma tête, les plans que je veux déployer. Je crois aussi qu'avoir eu des parents immigrés, capables de partir, d'être mobiles pour du travail ou pour mieux vivre m'a permis de relativiser le « risque » que je prenais, moi. Certains appelleraient cela la crise de la trentaine, mais j'avais séjourné en vacances dans le Midi et la douceur de vivre que j'y avais trouvée m'avait attirée. La misère est-elle « moins pénible au soleil », comme le souffle Charles Aznavour ? Bien sûr, le soleil aide souvent à masquer les problèmes. La précarité, comme partout ailleurs en France, existe réellement. Sans souvenir, sans attache familiale, sans ami ni compagnon, sans relation professionnelle même, je décide d'y aller. Je m'installe à Toulon, une ville que je ne connais alors absolument pas. J'ai commencé par rencontrer mes collègues de travail. Je me suis fait quelques amis, mais pas à foison. J'ai pourtant un caractère assez liant, mais je réalise alors qu'en France, il n'est pas si facile de se faire des amis, en dehors de Paris, de la région parisienne. Hors de Paris, les gens ont souvent grandi ensemble, et constitué leur bande. Ensuite, ils se marient entre eux. C'est un système assez clanique. D'ailleurs, après avoir vogué vers une autre région, les gens reviennent souvent là d'où ils viennent. Le Var est magnifique, mais les gens n'y sont pas plus amicaux qu'ailleurs. À Paris, les gens viennent d'autre part, dans leur grande majorité. La capitale est peuplée par des exilés, la capacité à rencontrer des gens nouveaux et à créer des liens facilement y est largement cultivée. Alors qu'en province, on parle souvent de « terre d'adoption », comme s'il fallait qu'une greffe prenne. Encore faut-il que le corps accepte le greffon ! L'intégration, c'est aussi l'affaire des autres. À la place, c'est à peine s'il ne faut pas qu'on digère notre présence dans le paysage. Je parle aussi pour les Français issus de l'immigration, je vois aussi qu'il y existe des réticences à l'idée de les intégrer, au point que les notions de « Français de souche » et de « Français de branche » n'ont jamais été aussi présentes. Tout se passe comme à l'échelle de Paris et de la province, les ruraux se méfient de l'urbain, le Parisien se méfie du provincial. « Es-tu des nôtres ? » est la question sous-entendue, qui reste omniprésente.

À la fin de ma formation, je n'étais plus présente au bureau, mais rattrapais les cours le soir. L'AFPA (centre de formation professionnelle qualifiante pour adultes) avait compris les difficultés qui étaient les miennes dans ma recherche de poste, surtout dans le Var, et avait accepté cet aménagement du planning. Je travaillais donc mes cours en plus des tâches du poste, que j'ai fini par trouver. J'ai alors travaillé pour un cabinet privé, qui accompagnait essentiellement des allocataires de Pôle emploi. J'étais encore en stage, dans le cadre de ma formation, lorsque j'ai eu une opportunité dans ce cabinet. Ils avaient besoin d'embaucher quelqu'un. Mais, problème : je devais achever ma formation, cela me prendrait encore trois mois. « Donnez-moi une semaine pour mes examens, leur dis-je à ce moment-là, le reste je m'en occupe. » Finalement, je n'ai même pas terminé ma formation, j'ai préféré travailler directement à l'agence ! Après trois mois, j'ai tout de même obtenu la certification de CIP (conseillère en insertion professionnelle). Terre inconnue que ce nouveau rôle de conseillère en orientation, même si je détenais quelques compétences transférables. L'accueil, l'accompagnement des personnes m'étaient familiers. Le volet psychologique de ce métier offre aussi quelques similitudes avec ce que j'avais fait auparavant, avec pour but d'établir une relation de confiance. De conseillère, je suis vite devenue cheffe de projet, puis directrice régionale de l'entreprise (au total, elle comptabilisait deux cent cinquante employés un peu partout en France). À la suite de quoi j'ai monté ma propre structure et débuté ma vie d'entrepreneuse.

Cela fait quinze ans au total maintenant que je travaille avec les demandeurs d'emploi sur leur réinsertion professionnelle. Si je ne crois pas au plein-emploi, j'ai plutôt espoir et vise davantage pour eux le *bon emploi* : ce pour quoi on est fait. On y arrive en mobilisant quelques leviers : le bien-être au travail, une ambition non réprimée – quel moteur puissant que l'ambition ! –, les moyens mis en œuvre et les bons diplômes. Même avec un bas niveau de qualification, il paraît possible de pouvoir choisir. Ce n'est pas parce qu'on est sous-qualifié qu'on doit absolument subir son boulot. Je ne crois pas que les pauvres doivent être condamnés à exercer un métier qui ne leur plaît pas. On peut préférer s'épanouir comme chauffeur-livreur plutôt que sur une chaîne de logistique, à titre d'exemple. On a parfois le sentiment qu'un individu non-qualifié devrait déjà s'estimer soulagé d'avoir un salaire. Pourquoi ne pas prendre le temps de travailler sur les talents de chacun pour les envoyer là où ils seront à leur place ? On peut être un livreur heureux, une caissière heureuse, une vendeuse heureuse. Dans la pratique de mon métier, je mets un point d'honneur à lutter contre la réification des plus précaires. L'humanité, la dignité n'est pas fonction du niveau d'études. Avec cela, on ne transige pas.

Je n'ai aucun domaine de prédilection, j'ai pu prendre en charge tous types de profils. Les demandeurs d'emploi peuvent être cadres, jeunes diplômés, jeunes sans diplômes, seniors… La diversité des profils de compétences est très enrichissante pour le conseiller. Les métiers aussi diffèrent grandement : il peut s'agir d'un directeur d'hypermarché qui se retrouve au chômage comme d'une femme qui n'a jamais travaillé ayant élevé ses enfants pendant dix ans, qui a une licence en droit, mais le sentiment de ne rien savoir faire… Mon boulot a longtemps consisté à leur faire comprendre comment fonctionne le marché du travail car, même s'ils en doutent parfois, ils sont porteurs d'un bagage de compétences, qu'ils doivent apprendre à valoriser, ils ont quelque chose d'unique à apporter à un employeur. Les professionnels comme moi sont également là pour les aider à savoir se « vendre », à acquérir certains codes sociaux. La construction de son projet professionnel, la préparation à l'entretien d'embauche, tout cela est travaillé avec le demandeur. Aujourd'hui, j'ai évolué. Je ne fais plus de l'accompagnement de personnes à proprement parler. Je crée des dispositifs d'accompagnement pour des problématiques ou des publics ciblés.

Plus haut, je vous parlais d'opportunité. Il me semble important d'y rester sensible à tout moment. Je me rappelle ce jour où une personne m'a interpellée alors que nous étions tous les deux dans les bouchons de l'autoroute A 86. L'homme hurle mon nom et fait de grands signes. Alors que je lui demande s'il y a un problème, il me dit : « Rose, j'ai un centre de formation, je sais que vous êtes dans l'insertion, j'aimerais qu'on travaille ensemble ! » Dans la précipitation, il me montre sa carte, je lui réponds que je ne vois rien à cause de la distance où nous nous trouvons, alors il me crie le nom de son entreprise. « Promis, dis-je, je vous appelle ! », lui dis-je. Au moment où je prends mon téléphone, une fois rentrée chez moi, il s'écrie : « Déjà ? » Les appels vers son téléphone fixe étaient renvoyés vers son portable, il avait donc lui-même décroché. Je lui rétorque qu'il a tout de même arrêté toute la circulation pour me parler, que j'en ai donc déduit que cela devait être important… « Vous êtes super accessible, en fait… », s'étonne-t-il. Il m'avoue un peu plus tard qu'il ne pensait pas que les « personnalités de la télévision » pouvaient l'être… Oui, je suis terriblement accessible, mais redescendons sur terre, je ne suis pas Bonaparte, je ne suis pas grand-chose, simplement quelqu'un qui veut avancer dans la vie. J'essaie seulement de frapper aux portes. On nous dit parfois qu'on est à trois poignées de main de n'importe qui sur terre, je pense que c'est très vrai. Ce jour-là, cet homme, outre le fait de m'accorder une importance que je n'ai pas, s'est créé une opportunité. Moi, j'ai pris le temps de la saisir, car elle pouvait également s'en révéler une pour moi. Sans doute cet homme rencontré sur l'autoroute avait-il des choses à m'apprendre, peut-être allions-nous faire des choses intéressantes ensemble : ne nous empêchons pas de nous connecter aux gens, de se créer des chances de le faire. C'est aussi parce qu'une opportunité s'est présentée que j'ai trouvé le moyen d'écrire ce livre. Un contact, une rencontre peut changer la donne, et le monde fonctionne si l'on veut qu'il fonctionne.

Et si ça ne fonctionne pas? Une bonne leçon des métiers commerciaux, c'est de ne pas se formaliser. D'autant plus qu'il est des éléments avec lesquels on ne peut pas lutter. Lorsque l'on cherche un emploi, on ne peut rien changer à la conjoncture – la crise, la demande des entreprises ne sont pas des éléments sur lesquels on peut avoir une prise. En revanche, sur quarante minutes d'entretien, on a la possibilité de se vendre de la meilleure manière. Cette fenêtre de tir est la nôtre, et en donnant le maximum, on ne sera jamais déçu par soi-même. Cela me rappelle le concours Eloquentia : j'ai été membre du jury en 2022 pour la Seine-Saint-Denis. Les quatre finalistes étaient formidables, mais il a fallu les départager. Je suis restée après la fin de la cérémonie, cela a pu donner le sentiment que je consolais les perdants. En réalité, je tenais à leur dire ce que je pensais de l'échec : il est bien plus formateur que les réussites. Le président Sarkozy a dit un jour à un étudiant dans un salon que la pire des choses qui existaient n'était pas l'échec, surmontable, formateur, mais le fait de rater une opportunité. Je crois que c'est très vrai. Ce n'est pas en réussissant que l'on se remet en cause. La réussite est enivrante mais on n'en apprend pas grand-chose. Pour prendre un autre exemple, qui ne nous rajeunira pas, on se souvient tous des émissions de télécrochet des années 2000. Force est de constater que ceux qui ont fait carrière n'étaient pas toujours ceux qui avaient gagné. Si Jenifer et Gregory Lemarchal, gagnants, ont rencontré le succès, Chimène Badi et Amel Bent ont également fait parler d'elles. Leur envie, leur ambition ont su dépasser un simple concours. Ce n'est pas l'échec qui nous définit, c'est notre détermination. Plus nous essaierons, plus nous aurons une chance de parvenir à notre fin. Ce qui nous condamnerait, à l'inverse, serait le manque de mise en action. Le pire serait de tout réussir, car le jour où nous échouerions, nous serions alors totalement perdus. En somme, on ne devient puissants que parce que l'on sait se relever.

Chapitre 13

Dans les médias

Un peu plus tard, j'ai encore ajouté une autre corde à mon arc. Ma vie médiatique, elle, a éclos presque par hasard. Des mains se sont tendues, et je les ai saisies. Tout a commencé par ces interventions que je faisais parfois sur des radios communautaires maghrébines. J'y intervenais en tant qu'experte, à propos de l'insertion et de la recherche d'emploi. Puisque l'on m'avait trouvée pertinente, on m'avait aussi proposé de décrypter l'actu. J'avais fait tout cela sans pression, sachant que mon cœur de métier et mon ambition étaient ailleurs. C'est d'abord sur Beur FM, en compagnie de Malik Yettou, qui deviendrait par la suite le vice-président de mon association Mouv'Territoire (Mouvement pour l'émancipation des territoires, que j'ai évoqué plus avant) que cela s'est passé. Je l'ai rencontré sur cette radio, nous étions invités tous les deux. Plus tard, alors que j'ai déjà poussé la porte de la télé, nous créons notre propre émission sur Beur FM, « L'actu autrement ». Malik Yettou et moi, c'est une amitié comme on en vit peu. Au moment où l'on s'est connu, on s'est aperçus qu'on avait beaucoup en commun. Comme le sien, mon père a débarqué en France dans les bidonvilles de Nanterre, comme le sien il est devenu ouvrier. Comme lui, j'ai subi plus que tiré parti de l'orientation scolaire et j'ai dû batailler par la suite pour aller là où je voulais arriver. Sur Beur FM, nous formions un super duo. Fin 2020, nous avons voulu traiter le sujet des accords d'Abraham entre Israël et le Maroc, de coopération sécuritaire, dans l'émission. Dans ce cadre, nous avions rencontré l'ambassadeur d'Israël. Quel mal nous en a pris ! En échangeant avec un haut fonctionnaire israélien, en laissant diffuser par l'ambassade une photo sur Twitter, nous aurions « sali » l'image de cette radio communautaire maghrébine, comme cela nous a été reproché par email. Comme à notre habitude, nous souhaitions un plateau pluraliste. L'objectif était d'apporter un regard novateur sur ces accords, qui redistribuaient les cartes en termes géopolitiques, d'autant que le sujet avait peu été traité. À mon sens, il était important d'offrir aux différentes communautés qui nous écoutaient une grille de lecture pertinente.

Au passage, nous étions en charge de dénicher nous-mêmes les invités, de faire ce travail de prospection et de réseau. De même, il n'existe pas, pour Beur FM, de ligne éditoriale écrite, pas plus que de réunions de la rédaction indiquant quoi que ce soit…

Pourtant, nous avons été immédiatement sanctionnés par Beur FM, et notre émission s'est arrêtée du jour au lendemain. De leur côté, les dirigeants de la radio ont ouvertement menti en indiquant qu'ils nous avaient suspendus car ils souhaitaient, de leur côté, organiser l'émission et qu'ils étaient déjà en contact avec l'ambassade. Mensonge démonté par les preuves, un mail de suspension, ainsi qu'une attestation de l'ambassade, outrée par leurs agissements, nous affirmant qu'ils n'avaient jamais été en contact avec personne d'autre à la radio. Nous étions donc devenus victimes de l'antisémitisme par ricochet.

Ce que dévoile cette malheureuse affaire, c'est que les pressions communautaires sont plus que jamais une réalité et que l'importation du conflit israélo-palestinien empêche tout débat. Lorsqu'il s'agit de réaliser des actions culturelles, de l'interconfessionnel, des échanges, il n'y a jamais aucun souci. Cela se complique lorsqu'on veut parler de géopolitique. Beur FM a choisi de pratiquer le #pasdevague. La radio a voulu éviter au maximum un sujet explosif, s'épargner de mauvais commentaires sur les réseaux, au lieu d'être, au contraire, un trait d'union entre deux mondes. La ligne éditoriale avait été invoquée par la direction pour justifier notre renvoi. Or, trois semaines avant, Beur FM avait reçu le consul de l'Azerbaïdjan, pays alors en train de bombarder l'Arménie. J'ai donc décidé de mettre les pieds dans le plat et de dénoncer ce mensonge : non, Beur FM n'est pas gêné par la géopolitique, le domaine est facilement abordé, tant qu'il n'est pas question d'Israël. Mes convictions à moi ne sont pas à géométrie variables, j'ai pris le parti de m'en ouvrir dans les médias. Naïvement, la direction de la radio pensait que je serais intimidée à l'idée de « faire le jeu de l'extrême droite » et que je n'oserais pas les dénoncer. Il est toujours facile de faire taire ses adversaires en les fascisant. Mais avec moi, cela ne prend pas.

Cela peut apparaître comme un détail, mais au moment de l'affaire, c'est moi qui cristallisais toute la haine et non Malik Yettou. Il semble que les femmes écopent toujours de la double peine. Alors qu'on les traite d'hystériques à tout bout de champs, c'est paradoxalement leur simple présence qui provoque l'hystérie généralisée de leurs interlocuteurs. En fait, une femme, ça ne doit pas parler. Si ça parle, ça sera immédiatement enfoncé. Lorsque, sur les plateaux télé, je porte une parole plus nuancée que certains de mes voisins, très pro-immigration, c'est d'abord moi qu'on vise. Une vieille croyance intériorisée circule encore dans des lieux dits d'expression libre et progressiste : une femme, ça ne sait pas de quoi ça parle. Son rôle, c'est d'enfanter et de s'occuper de la maison. Rose Ameziane, en plus, c'est vraiment le catalyseur de toutes les colères. Alors qu'avec la polémique levée par Zineb El Rhazoui que j'évoque un peu plus loin, j'étais devenue une alliée objective du terrorisme islamique, je me retrouvais cette fois sioniste. Chers détracteurs, entre le soutien au Mossad et celui au salafisme, mettez-vous d'accord…

Il y a une autre rencontre qui a été déterminante pour moi. J'ai connu Maxime Daridan dans un débat au Sénat sur l'image des quartiers dans les médias. Maxime est journaliste, délégué pluralisme et diversité pour BFM et

RMC, et passionné par la question des quartiers populaires. « Toi, tu es faite pour la télé », me souffle-t-il, en me confiant ses coordonnées. On sort du débat, et il loue la fraîcheur de mon ton, mon audace et ma liberté de ton, en espérant que je le rappelle. C'est flatteur et je l'en remercie. Je garde tout cela dans un coin de mon esprit, jusqu'à l'été 2018, où je décide de forcer le destin… Ce jour-là, je vais littéralement frapper à la porte des *Grandes Gueules* d'Alain Marschall et Olivier Truchot. Je suis là, en bas de l'immeuble du groupe Altice (auquel appartiennent RMC et BFM), décidée à faire entendre ma voix. Ma vie n'en dépend pas, mais j'ai cette curiosité et cette soif de parvenir à mes fins. J'ai envie d'oser, alors j'ose. Et comme le hasard fait bien les choses, qui survient à ce moment-là, devant l'immeuble ? Maxime, évidemment ! Il me reconnaît, alors que je suis avec Malik au téléphone (il m'avait encouragée dans ma démarche, je lui confirme donc que je suis « allée » aux *Grandes Gueules*). Il y a tout de même de belles coïncidences dans l'existence.

« Rose, mais qu'est-ce que tu fais là ?

– Eh bien je me suis souvenue de ce que tu m'as dit, sur la télé, sur le fait que je devais tenter ma chance. Je suis venue pour interpeller Alain Marschall et Olivier Truchot. Je trouve que dans les *Grandes Gueules*, il y a beaucoup de choses fausses qui sont dites à propos de la banlieue, des musulmans, des minorités. Ça m'intéresserait, moi, de rétablir un peu de vérité. Tu sais si je peux les rencontrer ? »

Maxime a son déjeuner dans les mains. Il ne s'attendait vraiment pas à me trouver là. Il éclate de rire.

« Alors toi, quand tu n'es pas d'accord, tu viens frapper aux portes ? me demande-t-il de manière amusée. Je t'ai donné mes coordonnées, pourquoi tu ne m'as pas appelé ?

– Parce que je voulais les interpeller, eux ! »

L'instant d'après, je rentre dans le grand bâtiment d'Altice avec lui. Son déjeuner attendra, il a décidé de me faire faire le tour. Dans le hall d'entrée, je croise Jean-Jacques Bourdin et Christophe Barbier. Cela ne m'impressionne pas, ce n'est pas cela. Disons plutôt que cela me donne le sentiment amusant de pénétrer dans un monde exotique, qu'on n'approche jamais dans la vie réelle. Maxime m'emmène dans les étages. Malheureusement pour moi, c'est un vendredi, il est midi passé et il n'y a plus personne dans les bureaux des *Grandes Gueules*. Un peu plus tard, lorsqu'il m'assure qu'il va parler de moi à Marschall et Truchot, je lui rétorque en riant que, de toute manière, s'ils ne m'appellent pas, je reviens le vendredi suivant. Il sourit et me demande de lui faire confiance.

La chance que j'ai eue, c'est que j'ai frappé chez Altice au moment où les deux journalistes étaient en période de recrutement ; ils recherchaient de nouveaux intervenants pour la saison suivante, qui allait débuter. Maxime leur envoie un email. Le lundi suivant, je suis recontactée par l'une des productrices de l'émission, Anaïs Sainz. Je n'en crois pas mes oreilles. Lors de cet entretien téléphonique, Anaïs m'explique que la casquette quartier, l'expérience dans le monde associatif ainsi que mon passage dans la banque lui ont mis la puce à l'oreille. « Un profil comme votre, c'est riche, car cela permet d'acquérir une compréhension globale de la société française », m'explique-t-elle. En y réfléchissant bien, je trouve cela assez juste : travailler dans une banque pendant dix ans, c'est savoir ce qu'est le chômage, le surendettement, le divorce ou le mariage, la prise en charge des personnes âgées à l'Ehpad, l'achat d'un appartement… C'est être au cœur de la vie des Français, tout simplement. À la fin de la conversation, la productrice me donne rendez-vous le mercredi suivant, « pour faire un essai ». Naïve, je m'imagine qu'il s'agit d'un test de micro, ou de quelques minutes devant les caméras. « Non, non, pour une émission ! », corrige-t-elle. Je n'en reviens pas que tout aille aussi vite. Mais après trois essais concluants, on m'embauche finalement pour la saison entière. Quelle aventure !

Si cette expérience médiatique ne conditionne ni mon existence ni ma façon de gagner ma vie, si mes objectifs professionnels et personnels sont surtout ailleurs, cela ne m'empêche pas d'être impliquée. Une fois par semaine, je donne le meilleur pour faire avancer le débat sur les thèmes qui me sont chers. Je trouve le rythme raisonnable et efficace. Par la suite, j'ai rejoint l'équipe de *Punchline*, sur CNews, avec Laurence Ferrari. Désormais, en alternance, j'interviens également sur LCI, BFM et je fais aussi quelques apparitions chez Cyril Hanouna dans *Balance ton post* (sur C8). Enfin, chaque jeudi, je suis chez Jean-Marc Morandini pour *Morandini Live*, sur CNews. C'est une sacrée responsabilité d'avoir une parole publique, et je ne prends pas cela à la légère. Je sais aussi qu'une voix comme la mienne est rare, je m'en rends compte à travers les retours que j'ai sur les réseaux sociaux. Beaucoup de Français héritiers de l'immigration vivent mal la parole médiatique ordinaire. Ils se sentent insultés et humiliés et m'adressent régulièrement leurs messages de soutien, en m'écrivant qu'ils apprécient la nuance que je viens apporter dans le débat. En somme, l'intérêt dont je fais preuve pour les habitants des quartiers populaires est apprécié, le respect et la dignité que j'éprouve à leur égard ne passent pas inaperçus. Qui peut se targuer d'avoir ne serait-ce qu'un début programme pour améliorer la vie de ces gens ? Lorsqu'en février 2022, j'interpelle Nicolas Dupont-Aignan, alors candidat à la présidentielle, sur ce thème, dans l'émission *Face à la rue* de Morandini, je constate une déconnexion totale à droite, et à plus particulièrement à la droite de la droite, sur ces enjeux. Je souligne alors le fait que lorsqu'il évoque la banlieue, il ne s'adresse jamais à ses habitants. De fait, il ne parle que de zones de non-droit et de sécurité. Rien qui ne s'adresse à ceux qui subissent la violence et la pauvreté. Rien sur l'éducation, ou plutôt une proposition, une seule, qui alors me choque : la suppression des voies spécifiques réservées aux jeunes issus des quartiers populaires afin qu'ils aient accès aux grandes écoles. Même l'accès à l'excellence, déjà bien entravé par les déterminismes socio-culturels, il réussit à vouloir nous le supprimer ! Bon, Dupont-Aignan n'est pas pire que les autres, Marine Le Pen, Éric Zemmour, Éric Ciotti… Il fait partie de ces politiques qui pensent la reconquête des quartiers populaires par la force, mais jamais par le cœur. Finalement, qui vient dire à ces habitants qu'on les aime aussi et qu'on veut améliorer leurs conditions de vie ? Personnellement, j'en ai fait mon cheval de bataille. Je suis venue leur rendre justice dans les médias.

Bien sûr, ce n'est pas tout rose. Vous vous en doutez, il ne suffit pas de porter un prénom fleuri pour que tout se passe bien à la télé ou à la radio. Le cyberharcèlement, résultante de la reprise de certaines séquences télévisuelles sur YouTube – les « clashs » en premier lieu – diffusées ensuite sur les réseaux sociaux, est pour moi une réalité quotidienne. C'est une plaie. Pas une semaine ne se passe sans que je ne sois invectivée en commentaire ou par message privé. « La poissonnière », « la poissarde », « l'islamogauchiste »… J'en reste là, de peur d'être grossière. Souvent, ils se disent patriotes, ils se disent laïcs. Parfois ils se disent musulmans, plus pieux que moi. J'attire les extrêmes. S'ils écrivent sous pseudonyme, ils cachent pourtant mal leur accointance avec l'intolérance la plus frustre. Virulents, ils s'entretiennent entre eux, dans une vraie mécanique de viralité sur les réseaux. Et lorsque l'invective est lancée par un individu très suivi, c'est le « *shit storm* » (l'ouragan d'insultes si vous préférez) assuré. Les difficultés, on les rencontre aussi en amont, lors de ces émissions où la mauvaise foi est reine. Ce sont les pires passages télé pour moi. En trois minutes, votre interlocuteur aura enchaîné *fake news* et mauvais chiffres, et noyé le tout dans une tirade émotionnelle. Et vous, vous ne disposerez que des mêmes trois minutes pour déconstruire en détail tout ce qu'il a avancé, accusé, diffamé. Souvent, le temps me manque. Alors entre deux lieux communs sur l'immigration (les détenus sont tous immigrés, les harceleurs de rue sont tous migrants, les musulmans sont tous islamistes…), je fais le choix de déconstruire le propos le plus outrancier. J'aurai, au moins, apporté cela. Un célèbre producteur d'émission de télé – il se reconnaîtra – m'a un jour soufflé : « Moi, j'ai pris le parti de ne pas faire une émission qui fait du bruit, mais une émission qui produit de la mélodie. » Je salue ses propos. Les voix discordantes, s'élevant contre la culture du clash, sont peu nombreuses, tant celle-ci est rentable, jouant sur les émotions et souvent sur les bas instincts (violence verbale, invectives en tous genres). Dans mon cas, je vais dans des émissions où l'on débat. Et dans d'autres, où il est carrément question de combats. Là, on ne fait que me couper la parole, et je suis la plupart du temps dans le camp numériquement minoritaire. Cependant, je tiens bon. En fin de compte, je suis là pour ça, pour tenir, pour faire exister une voix autre. Pour dire qu'on existe, nous, ceux que l'on ne veut pas voir. Alors, que ce soit devant les élus RN ou les nationalistes corses, je m'accroche, tête haute.

Chapitre 14

Le revers de la médaille

Le jour où j'ai eu à débattre avec Jean-Christophe Angelini, maire de Porto-Vecchio, je m'en rappellerai longtemps. Cette fois, étrangement, je n'étais plus du tout l'islamogauchiste de service. J'étais encore coupable, ça oui, mais simplement d'appeler un chat un chat, un terroriste un terroriste. Ce jour-là, je rappelle au maire de Porto-Vecchio qu'Ivan Colonna a abattu le préfet Érignac et que, ce faisant, il a attaqué la République française. Le débat se déroule après l'assassinat de Colonna en prison, au moment où se tiennent des émeutes anti-françaises en Corse, où certains jeunes s'en sont pris à des policiers, et où notre drapeau a été brûlé. Où nous, Français, avons été insultés et menacés de mort. Le ministre de l'Intérieur Gérald Darmanin a choisi cette séquence pour évoquer l'autonomie de la Corse. Si je salue le courage de cette démarche, il m'est avis que l'agenda n'est pas le bon. La violence n'est jamais un bon préalable pour débattre sereinement d'une question aussi primordiale qui engagera une partie de nos concitoyens. Et puis, pourquoi parler de l'autonomie de la Corse seulement avec les Corses et non pas avec tous les Français ? C'est un sujet qui concerne la Nation tout entière, puisque la Corse en fait partie. Et pour ne rien gâcher, je débats avec un Jean-Christophe Angelini très complaisant à l'égard des émeutes anti-France, trouvant des excuses au sentiment anti-français de la jeunesse corse, et qui parle d'Ivan Colonna comme d'un « prisonnier politique », en refusant fermement que je l'appelle « terroriste ». Colonna a été jugé. Après, que l'on trouve inadmissible son assassinat, je veux évidemment l'entendre. Seulement, pour moi, c'est un terroriste qui a assassiné en prison un autre terroriste, n'en déplaise aux indépendantistes corses. Si l'on avait brûlé le drapeau français dans les quartiers peuplés par des gens issus de l'immigration, on aurait tout de suite crié au séparatisme. Et on aurait eu raison ! Et si un terroriste islamiste avait été assassiné en prison, jamais personne n'aurait accepté – à raison – de parler de « prisonnier politique » ! Ce jour-là, j'affirme simplement que mon patriotisme n'est pas à géométrie variable. Je suis au clair avec ma francité et défends nos principes bec et ongles. Sur le plateau, je le vois bien, tout le monde est d'accord avec moi. Personne ne juge pourtant bon d'intervenir, tous se contentent d'approuver de la tête. Juste après l'émission, Jean-Marc Morandini (lui-même corse) a dit au producteur, qui me l'a répété, que j'avais du cran. Une sortie qui m'est restée en mémoire. Vous vous en doutez, la vague de harcèlement qui a suivi cette émission a été sans précédent. Sur les réseaux sociaux, les indépendantistes corses se sont déchaînés. Des photos d'armes à feu en signe de menaces de mort, des insultes à foison, des menaces directes… J'ai tenté de laisser passer les crachats. L'extrême droite anti-immigrés, ceux qui se réclament du nom de jacobins, toujours si prompts pourtant à me traiter de collabo, se sont faits très discrets et ont « oublié » de prendre ma défense dans cette affaire.

Je mentionnerai encore une polémique. Jamais je n'avais été autant choquée en direct que ce jour de la fin septembre 2022. Je débattais notamment avec Garen Shnorhokian, porte-parole d'Éric Zemmour pendant sa campagne, à propos de l'initiative du maire de Stains de renommer les rues de sa commune avec des noms de femmes « inspirantes ». Une rue a notamment été baptisée du nom de Khadija bint Khuwaylid, la première femme du prophète Mahomet, par les habitants. J'explique que, selon moi, cette plaque n'était ni faite ni à faire, et que les personnages religieux ne devraient pas se voir créer de place dans l'espace public (on m'opposera l'héritage chrétien de la France et toute la toponymie relative aux saints et saintes : cela correspond à l'histoire, et je ne crois pas que l'on doive mettre sur le même plan l'histoire et la sociologie d'un pays). Tandis que j'explique avec le plus grand calme qu'on aurait pu éviter une polémique prévisible, Garen Shnorhokian, lui, choisit l'affrontement en parlant du « grand remplacement » dont serait victime la commune de Stains et dont le choix de cette plaque ne serait que l'illustration. M. Shnorhokian est lui-même d'origine arménienne, voudrait-il qu'il n'existe pas de personnes provenant de l'étranger qui se soient installées en France, n'est-il pas lui-même le « grand-remplaçant » de quelqu'un ? De qui Rachida Dati et Sonia Mabrouk, personnalités de droite et peu soupçonnables de vouloir l'islamisation de la France, sont-elles les « grands-remplaçantes »? Mais il n'a pas envie de perdre la face et ose alors une définition qui, en plus d'être abjecte, frappe par son caractère inepte et « malaisant » : « Un Français de souche, dit-il, c'est quelqu'un qui a plus de noms de sa famille sur les monuments aux morts que dans les registres de la CAF. » Ce faisant, il insulte des milliers de soldats des colonies combattant pour la France depuis la Première Guerre mondiale, ayant ou non perdu la vie. Il insulte mes grands-pères. Il insulte tout Français qui, sans nom d'origine française, aura perdu la vie au nom de notre Nation. À ce moment-là, j'ai une pensée pour le sous-officier parachutiste Imad Ibn Ziaten qui a refusé de se mettre à plat ventre devant le terroriste Mohamed Merah et qui est mort debout. Il y a dix ou quinze ans, la sortie de Shnorhokian aurait fait scandale, la France entière aurait été scandalisée. Aujourd'hui, on n'en parle pas, on s'est accoutumé au délit de racisme et on en a fait une opinion.

« Tu n'es pas fatiguée de tout ça?, m'a demandé le soir même sur WhatsApp un ami qui a ses entrées dans la politique et le monde intellectuel. Garde ton énergie pour des choses qui font avancer et apaisent. Participer à ce cirque ne sert à rien, c'est contreproductif.

– Je ne suis pas d'accord avec toi, lui ai-je répondu. Être absente de ces débats, c'est laisser le champ libre, et c'est surtout minimiser leur impact sur les habitants des quartiers, héritiers de l'immigration ou Français de confession musulmane. Si tu savais combien de messages d'amour je reçois de la part de gens qui se sentent enfin respectés et aimés et qui retrouvent un peu de dignité par ma simple présence sur le plateau. Alors, oui, c'est épuisant. Non, je ne changerai pas la mentalité des cons que j'ai parfois en face de moi, mais je crois que ma présence est nécessaire. Et nombreux sont les intellectuels et politiques qui portent une responsabilité en n'occupant pas cet espace. Le problème, ce n'est pas que moi j'y sois, le problème c'est que je sois la seule à y aller ! Par condescendance ou lâcheté, votre absence, à vous les intellectuels, ne permet pas au débat d'être suffisamment contradictoire. »

Cet ami-là me connaît assez bien pour savoir que ma vie ne se résume pas à un passage télé hebdomadaire, que j'agis de façon constructive avec mon entreprise et mon association. « Maintenant, ai-je ajouté sans malice, si tu souhaites être constructif, n'hésites pas à me mettre en contact pour débattre ou faire une chronique sur une émission dite "plus intelligente", je suis preneuse et ne fuis jamais le débat. »

Au milieu de cette cacophonie, je fais avancer mon autre vie, qui vient en premier. Je tente de dissocier mes différentes activités. Ça se complique un peu, évidemment, quand quelques excités haineux se mettent à envoyer des colis aux entreprises avec lesquelles je collabore. J'ai heureusement la chance de travailler avec des gens qui acceptent et comprennent la valeur de mon engagement public. L'un de ces colis était accompagné d'une lettre qui disait en substance : « La personne que vous employez n'est pas une patriote, etc. » Les clients étaient gênés, mais surtout pour moi. De charmantes missives (photos de terroristes, de gens assassinés, diverses insultes envers la religion musulmane, ses dogmes, etc.) ont également été envoyées au domicile de ma sœur, qui n'a vraiment rien demandé… J'ai porté plainte plusieurs fois mais rien n'a jamais abouti, et j'entends bien que la police se concentre sur les gens qui se font agresser physiquement… Je cherche toujours à relativiser, sans toutefois perdre de vue qu'un drame est toujours possible. Contrairement aux légendes urbaines qui circulent ici et là, je ne suis proche d'aucun parti politique. Si je bénéficie d'une liberté de ton inestimable, ne devant pas me ranger derrière l'opinion de tel ou tel, je n'ai en contrepartie aucune protection.

Comme je l'écrivais plus haut, les campagnes de harcèlement les plus rudes et les plus intenses sont celles qui sont lancées par des gens très suivis sur les réseaux. Le nombre de leurs relais s'avère alors très vite exponentiel. Cela a été le cas avec celle qu'a initié Zineb El Rhazoui, écrivain, militante féministe et ancienne collaboratrice de *Charlie Hebdo*. Après un débat aux Grandes Gueules, elle s'était fendue d'un *tweet* contre moi, ayant manifestement mal digéré la contradiction que je lui avais apportée sur la question de la laïcité à la française. Sur Twitter, après l'émission, elle va alors chercher dans mon passé pour me calomnier. En l'occurrence, elle évoque ma participation à un gala pour la construction d'une mosquée, à l'époque où j'intervenais sur Radio France Maghreb. En tentant de lancer une boule puante, elle affirme que je participe à une levée de fonds pour la construction d'une « mosquée qui accueillera notamment l'homophobe Bajrafil ». Alors que j'étais invitée à ce gala au même titre que les notables locaux : la maire et ses adjoints, le rabbin Gabriel Hagaï, ou l'humoriste Walid Bouzidi, du Jamel Comedy Club. Étaient-ils tous salafistes ? J'ai dû louper un épisode. L'hebdomadaire *Valeurs actuelles*, qui avait repris mot pour mot les éléments de langage de Zineb pour un article à charge, m'a toutefois accordé un droit de réponse, publié sur leur site, à la suite du papier. J'y ai rappelé qu'associer le Centre des lumières (l'association permettant de lever des fonds pour la construction de la mosquée) et le salafisme était dénué de sens et portait atteinte à mon image. Pour le prouver, j'ai mentionné la *fake news* amalgamant salafisme et Centre des lumières, puisqu'on accusait la mosquée d'avoir reçu un certain cheikh mauritanien, Mohamed al-Hassan Dedew – alors même que la mosquée en question n'a pas encore fini d'être construite… L'évocation de la construction de cette mosquée me renvoie d'ailleurs à cette injonction contradictoire régulière : on presse les musulmans d'organiser eux-mêmes leur culte, et dans le même temps, toute construction de mosquée est vue comme une menace. J'y reviendrai plus après dans le livre, mais je crois qu'on ne peut pas vouloir un islam de France et rendre suspect des Français qui s'en préoccupent. Pour en revenir aux mensonges de Zineb, c'est en réalité l'association Science et Éducation et un certain Zakaria Fouad qui ont reçu le cheikh mauritanien. Il faut bien connaître son dossier avant de raconter n'importe quoi. Si ça n'avait pas été insultant, ç'aurait été comique.

« Calomniez, calomniez, il en restera toujours quelque chose. » Les mots de Voltaire sont d'une justesse et d'une actualité saisissante. On s'imagine bien qu'après toutes ces nuisances, mon image est faussée, dégradée. Et que les affabulateurs en sortent grandis. À ce moment-là, j'ai tout de même reçu un soutien de taille en la personne de Laetitia Avia, députée LREM à l'origine de la loi contre la haine en ligne. Le *badbuzz* crée par Zineb El Rhazoui m'aura cependant marquée au début de mon aventure médiatique. Mais il existe aussi des nuisances plus insidieuses, plus feutrées, qui pèsent et finissent par vous exaspérer. Imaginez-vous un message d'insulte envoyé sur votre messagerie Facebook à chacun de vos passages télévisuels, par la même personne. Pour une raison qui nous échappe, cette personne a le sentiment que l'individu qu'elle insulte n'existe pas, ou peu, qu'elle peut continuer à lui écrire toutes les semaines comme si tout était abstrait, ou même imaginaire. Les faits se sont produits il y a maintenant deux ans, une nuit où je n'avais pas coupé mon téléphone portable, sans doute pour m'assurer que mon frère handicapé ou que ma mère, alors malade, puissent me joindre si besoin. Un « bip » me réveille à quatre heures trente du matin. Je ne sais pas pourquoi, j'ai la curiosité de prendre l'appareil et de lire le message qui m'est adressé. « T'es une belle s..., traître à la nation. À la Libération, on t'aurait tondue. » Je m'aperçois que ce message n'est en fait que le dernier d'une longue série de mots fleuris envoyés par le même monsieur. Il faut être sacrément motivé pour envoyer ce genre de message au cœur de la nuit. Il y a des gens qui ne tolèrent pas que d'autres, d'un avis différent d'eux, ou se réclamant d'un mode de vie différent d'eux, prennent part au débat. Tout le monde n'est pas si Charlie ou Mila, finalement. Ces grandes zones grises de la liberté d'expression, où l'outrance concurrence la grossièreté sur les femmes, les homosexuels, les musulmans, que sais-je, sont plus larges qu'on ne le croit. Pire, il y a aussi des gens qui s'affirment Charlie, mais que cela ne gêne pas d'insulter les Français d'origine étrangère. Au nom de la liberté d'expression, évidemment.

Quitte à ne pas dormir, je décide de mener ma petite enquête. Le compte Facebook du monsieur est privé, tout est verrouillé, sauf un lien, vers quelqu'un identifié comme son fils. Je clique dessus et apprends que la petite famille vit en Alsace, dans une commune près de Strasbourg. J'ai le nom de famille et le nom de la ville, je les rentre alors dans le formulaire des pages blanches. Je trouve un numéro de téléphone fixe et une adresse. Magnanime, je choisis de ne pas l'appeler maintenant, il est cinq heures du matin, et je ne voudrais pas être impolie… À la fin de la journée suivante, je m'exécute cependant. Là, je tombe sur ce que je crois être l'épouse du harceleur. Lorsque je demande à parler à son mari, elle se braque et demande qui je suis.

« Comment ça, une amie ?

– Il va me reconnaître, ne vous inquiétez pas… »

Je dois avouer que le quiproquo induit par la situation m'amuse assez. En attendant, j'ai vu juste : quand j'ai enfin notre homme au téléphone, il m'identifie assez rapidement.

« Je dois vous obséder, puisque vous en êtes à m'insulter sur Messenger à quatre heures trente du matin.

– Je ne vous ai pas insultée ! »

Tel un lapin pris dans les phares d'une voiture, il perd tous ses moyens. Le déni est sa seule défense, tant la panique le paralyse. Je débute la lecture de tous les messages qu'il m'a envoyés depuis que l'idée lui a pris de m'écrire.

« Qu'est-ce que vous allez faire, vous allez appeler vos amis, ils vont venir chez moi ?

– Mes seuls amis à moi, cher monsieur, ce sont les policiers, vous savez. Ils sont au commissariat, et on se verra là-bas avec eux en confrontation, on verra s'ils trouvent ça normal d'insulter quelqu'un par message sur internet chaque semaine. Vous en pensez quoi ? »

À ce moment-là, je l'ai abattu. Il ne dit rien, il encaisse. Alors je continue.

« Je ne suis pas un personnage, monsieur, je suis une vraie personne. Et vous, derrière votre petit écran, vous n'avez pas le droit de venir m'insulter sur ma messagerie. Derrière les écrans, c'est aussi la vraie vie. Nous sommes en France, dans un État de droit, monsieur. Tout n'est pas permis. »

Je vais raccrocher sans mettre toutefois mon projet de plainte à exécution. *A priori*, la leçon lui a suffi. Sur le moment, je me dis que cela en fera toujours un de moins à maltraiter les intervenants dans les médias. Et s'il veut insulter quelqu'un, maintenant, il y réfléchira à deux fois. Quelle folie s'empare des gens sur les réseaux? Pourquoi diable les personnalités politiques mêmes éprouvent-elles ce sentiment de toute-puissance quand ils se retrouvent devant un écran? Je pense à Jean Messiha, en particulier, le monsieur du RN ayant rejoint Éric Zemmour, qui a un jour mal pris que je trouve ses propos stupides et m'avait accusé de l'insulter. Je lui avais vite remis les idées en place : « Vous êtes le premier à dire sur Twitter que je suis "siliconée", et lorsque je dis que vos propos sont stupides – et non vous – je vous insulte? Allons donc. » De quel côté est l'insulte? Il y a aussi, je crois, malheureusement, que les femmes subiront toujours plus d'anathèmes que les hommes. Du moins seront-elles toujours attaquées sur leur physique. Elles sont jolies et féminines? Elles seront assimilées à des putains. Elles ont un physique disgracieux, elles sont moins apprêtées? On les traitera de laiderons, et puis on sortira l'armada des insultes homophobes. Remarquez que quand les remarques se veulent politiques, qu'on se fait traiter d'islamogauchiste, de salafiste, cela n'en est pas moins violent. Pensez-vous qu'il soit agréable d'être assimilé à un terroriste? Surtout quand on est entravé dans nos propos et qu'on n'a même pas le droit de signaler que notre interlocuteur use d'une rhétorique d'extrême droite.

Il serait temps de pouvoir lutter en bonne intelligence, main dans la main avec les plateformes numériques, afin que les signalements aboutissent réellement. Pour commencer, que les formulaires de signalement soient disponibles en français et non plus seulement en anglais. Lors de la campagne internet menée par les nationalistes corses contre moi, aucun signalement n'a pu aboutir. Selon les critères des plateformes numériques, ces excités ne commettaient aucune infraction. La raison ? Ce sont des machines qui évaluent l'importance des faits. Il est très facile de sous-entendre une menace de mort sans mentionner aucun terme qui les alerte. Lorsque, par exemple, vous recevez « Le temps viendra où on s'occupera de toi », ce n'est pourtant pas exactement une demande en mariage. Et lorsqu'existent des modérateurs en chair et en os, ils sont trop peu nombreux devant la quantité de plaintes déposées pour effectuer correctement leur travail. Une autre fois, sur Facebook, je m'étais permis de signaler la publication d'un contenu raciste par une polémiste de droite. Le système est tellement mal fait que, les défenseurs de la polémiste prenant fait et cause pour elle et m'ayant signalée en masse, j'ai été censurée pour harcèlement !

La police est dotée de Pharos, sa plateforme des signalements. C'est déjà une bonne chose, mais idéalement, il faudrait un référent réseaux sociaux dans chaque commissariat. Il faut agir vite, je crois, car la menace est là, tout près. Les réseaux sociaux cultivent la monstruosité et la violence des gens, c'est un processus de décivilisation qui ne dit pas son nom. En ligne, les gens glissent beaucoup plus facilement, ne se censurent pas sur le racisme, le sexisme ou l'homophobie. Le phénomène des likes n'arrange rien : un raciste quelconque va se sentir important parce que sa sortie lui a valu des milliers de likes et y voir un signe d'encouragement qui le pousse à aller encore plus loin. J'imagine même certaines situations compromettantes : des types de cinquante ans, bien cachés derrière leurs écrans, qui commentent l'actualité sur les réseaux, arguant que les gamins ne savent plus lire, ni écrire ni compter, que l'ensauvagement est une réalité dans la société française et qui, une fois la nuit tombée, font la tournée des personnalités médiatiques qui ne leur reviennent pas en les agressant verbalement. Un scénario bien ficelé pour une série tragi-comique, qui est sans doute une réalité.

Chapitre 15

Ceux d'en haut

Passer à la télé, à la radio, fréquenter les médias, a également été pour moi l'occasion d'approcher la classe politique et de rencontrer certains de ses représentants, qu'ils soient politiciens ou *spin doctors* de la politique française. Présidentiables, conseils de politiques, députés… J'ai pu me faire une idée assez précise du paysage politique français de ces dernières années. Le premier sentiment qui me vient à l'esprit en y repensant est la déception. En France, la politique est une affaire de marketing, ses acteurs conçoivent les électeurs, les voix, comme un marché à pénétrer. Pour eux, se mettre au travail, en politique, c'est aller chercher des profils adéquats, qui vont parler à certains segments de la population. Sorti de là, on a le sentiment qu'il n'y a pas de goût pour la connaissance, pour la maîtrise des sujets. Impression que j'ai eue devant un présidentiable, avant l'élection de 2022, devant un candidat à qui j'ai dû expliquer la différence entre vision universaliste et vision intersectionnelle de la question des minorités. Avant moi, il avait débattu avec une célèbre figure des quartiers, lui aussi héritier de l'immigration. C'était un peu sa « journée indigène ». À quoi bon le nommer ? Elles sont légion, ces personnalités, à ne pas lire au-delà des notes qu'on leur prépare, à ne pas sentir l'air du temps, à prospérer dans la déconnexion. À ne pas connaître ce que les Français vivent.

Mais s'il est une personnalité que j'aurais ici plaisir à citer, ce serait Alain Minc. Je l'ai rencontré au moment où je préparais le tour de France des quartiers avec mon association, je lui proposais alors d'être le parrain de cette initiative. « Ne cherchez pas de parrain pour ce tour de France, m'a-t-il dit, inutile d'avoir la légitimité d'un vieux mâle blanc, je crois que votre génération sait très bien faire sans nous. Et vous, vous avez une tête bien faite et des convictions, inutile de vous faire voler vos idées par quelqu'un d'autre, le mérite vous revient. » Il n'est pas si courant, dans ce monde-là, d'entendre de tels propos. Pourtant, c'était bien vrai : ce projet m'appartenait. En allant démarcher un parrain, je semblais oublier mes propres principes, la valeur que j'accordais à la notion de reconnaissance, de mérite. Alain Minc n'a pas voulu me voler la vedette, il m'a au contraire encouragée dans mon entreprise. C'est à cette occasion qu'il m'a raconté comment il avait voulu, dans l'esprit du président Kennedy, faire émerger une classe moyenne supérieure et une élite en provenance des minorités, comment il avait imposé Rachida Dati au poste de garde des Sceaux sous Sarkozy. Il raconte à quel point le monde politique en fut ébranlé. En allant chercher des personnalités hors du sérail, de nombreux lieutenants du président, fidèles depuis des années, se retrouvent sur la touche. « Vous n'y pensez pas, lui a-t-on dit à propos de Dati, elle n'y connaît rien ! », ce à quoi Minc a répondu que ce ne serait pas la première.

Par la suite, Alain Minc s'est toujours montré disponible. Une attitude qui tranche avec les personnalités qui confondent mise en relation et séquence de drague, à grand renfort de sous-entendus douteux, ou celles qui en restent au sourire courtois et ne donnent jamais suite. Sans parler des députés, qu'on vient voir pour faire passer nos idées et qui se les approprient purement et simplement, sans prendre la peine de nous mentionner. On peut alors entendre, à l'Assemblée, nos formules reprises mot pour mot, sans qu'une seule fois on soit mentionné. Quand d'autres, résolument plus honnêtes, plus civils, citent mon association en faisant des propositions de loi qui me tiennent à cœur. Nombreux sont les hommes et les femmes de pouvoir ou autour du pouvoir qui ne souhaitent que briller et faire carrière, en oubliant ce pour quoi ils s'engagent, du moins sur le papier. Mais même si peu d'entre eux veulent changer les choses pour la France, je m'en voudrais de ne pas mentionner ce « peu ». Il ne faudrait pas oublier les élus de terrain, engagés sept jours sur sept au désavantage de leur vie personnelle et pour lesquels j'ai tant de respect.

Un constat s'impose toutefois, et nul besoin de passer à la télé pour le faire, nous sommes si nombreux à le dresser : la politique ne tourne pas rond, les politiques n'incarnent plus le changement, la volonté d'amélioration, par conséquent les électeurs ne se déplacent plus aux urnes. La crise de la démocratie est de taille en France, aussi importante qu'est aujourd'hui la scission entre Français et représentants politiques, qui semblent tétanisés à l'idée d'imposer des convictions, à l'idée du moindre *bad buzz*, qui semblent toujours plus réduits à faire des constats sans proposer de solutions. Alors oui, les Français souffrent. Oui, ils sont déclassés. Mais tout l'enjeu est surtout de se demander comment mobiliser notre nation pour améliorer les choses. Je me suis longtemps demandé si c'était le personnel politique qui travestissait la politique ou si c'était le fait de faire de la politique qui travestissait des bonnes volontés ? J'imagine qu'on ne pourra jamais trancher.

Une chose est certaine, je ne me complairai jamais dans la déception. Ni des schémas datés dans lesquels certains survivent et font survivre leur électorat à propos des quartiers populaires. Je n'ai plus envie d'entendre des discours sur l'oppression des femmes musulmanes interdites de jupe et oppressées par leurs frères. Il faut que les politiques sachent de quoi, et surtout de qui ils parlent. Évidemment, je m'attendais à être stimulée par l'engagement de ces hommes et ces femmes politiques, mais je me suis rendu compte qu'en réalité, les personnes les plus investies étaient celles qui étaient sur le terrain, qu'il ne s'agissait pas souvent de politiques mais d'associatifs. J'ai également réalisé la force des médias et de quelle manière le fait de ne pas appartenir à un parti me permettait d'être libre, d'applaudir ou de condamner une initiative ou une parole politique. Et j'ai compris combien moi aussi, à ma manière, j'étais une femme politique, parce que ma voix était entendue sur les ondes radio ou à la télé chaque semaine, par tant de Français, ce qui n'est pas automatiquement cas d'un élu de la République.

C'est aussi ce qui m'a renforcée dans ma volonté de faire de la politique différemment, afin de faire bouger les lignes et les visions. Le *soft power* n'est pas si *soft*, à y bien regarder. Et puis, dans le fond, je crois que je suis davantage fière d'une action à petite échelle mais concrète que des grandes annonces surfaites diluées dans la réalité des chiffres. En février 2022, Nadia Hai, la ministre déléguée en charge de la Ville, annonçait l'arrivée des « bataillons de la République » pour « reconnecter les jeunes à la société », soit un budget de 26 millions pour 600 éducateurs ou médiateurs dans 47 quartiers prioritaires de la ville (QPV). Une annonce tonitruante qui a eu son petit effet en termes de communication. Seulement nous, sur le terrain, nous savons encore faire une division : 600 médiateurs, ça fait 13 par quartier, si ces derniers sont au nombre de 47. Considérant que certains travailleront aussi de nuit, ce n'est pas énorme. Et rappelons aussi qu'il existe en tout 1 516 QPV en France. Mais il est vrai qu'on a habitué les habitants des quartiers à ne pas être trop ambitieux, à savoir se contenter de miettes. Je préfère donc faire une petite action et changer le destin de dix personnes concrètement, sans m'en vanter et en n'ayant rien coûté à la collectivité, que d'être aux commandes en vendant surtout des annonces.

Chapitre 16

Sur l'islam

S'il y a bien un thème qui hystérise et mobilise les foules, qui catalyse les débats sur les chaînes de télévision, c'est l'islam. Ce n'était pas un sujet que j'étais prédestinée à traiter, je ne suis ni spécialiste ni activiste, mais l'actualité l'a voulu ainsi, aucun intervenant médiatique n'y échappera. Le terrorisme, les nombreux reportages et livres sur le sujet, surfant sur le sensationnel pour vendre, sur le mensonge aussi, pour catalyser l'opinion publique autour de boucs émissaires, tout cela m'a poussée à réfléchir à cette question. Je suis heureuse de pouvoir en faire part ici, en prenant le temps, celui que je n'ai jamais à l'antenne.

Écrire me donne l'occasion d'exercer mon droit à la nuance, à une époque et dans un monde où n'importe quelle micro-action est sujette à polémique, où l'ambition semble se limiter au *buzz*. Pas un mois, que dis-je, pas une semaine ne se passe sans qu'une nouvelle polémique émerge en lien avec l'islam, ou une polémique tout court, d'ailleurs. Vidéos Tik Tok d'adolescents, notes secrètes du gouvernement, rapport d'un sociologue… Ou encore cet atelier de formation pour les femmes, conduit pour les insérer dans des métiers où elles sont encore peu présentes et qu'on a présenté comme une réunion non-mixte, alors que cela fait des années que se créent des cursus spécifiques pour l'insertion du personnel féminin dans le numérique, pour ne citer que cela… Concernant la religion musulmane, vous vous doutez que les polémiques, il y en a pour moins que ça. Avec l'islam, c'est un peu *open bar*, d'autant qu'on mise sur la crise de nerfs pour faire monter les audiences. Vous avez dit abject ?

Prenons un peu de hauteur. Ce n'est pas en tant que musulmane que je souhaite le faire, et encore moins en tant que théologienne, mais en tant que citoyenne. Je ferai d'abord un constat. Quiconque souhaite s'intéresser sérieusement au sujet doit avoir en tête : les théologiens musulmans sont à l'écart du débat. Il n'y a pas aujourd'hui une seule émission crédible à la télévision pour renseigner ceux qui veulent savoir et comprendre ce qu'est l'islam et ce qu'il en est de la mosaïque de fidèles. Ce faisant, il est frappant de relever à quel point ceux qui évoquent l'islam, ou par exemple le rapport entre islam et laïcité, ne maîtrisent pas les sujets dont ils traitent. À titre personnel, j'ai grandi dans un environnement musulman, mais j'ai aussi effectué la formation Valeurs de la République et laïcité, permettant aux agents publics ou aux associatifs, comme moi, de faire des choix éclairés dans l'exercice de leurs métiers. J'ai été poussée à m'intéresser à l'islam parce que les distorsions nées de l'ignorance ordinaires sont trop nombreuses, trop fréquentes, pour rester démunie, et parce qu'il faut savoir tenir tête à ceux qui assimilent les mystiques et les hommes armés. J'attirerai enfin l'attention sur la grande et nocive confusion régnant, dans le traitement médiatique, entre radicalisation islamiste, terrorisme, d'un côté, et organisation du culte musulman en France, Français de confession musulmane de l'autre. J'ai l'espoir d'apporter ici un peu de clarté et d'honnêteté.

Premièrement, on tend à penser que c'est à cause de la désorganisation du culte musulman que la radicalisation croît et se fortifie. Entre d'autres termes, que l'intégrisme prospérerait sur le flou permis par le manque de hiérarchie. Un rappel ici : l'islam est une religion sans clergé, et non pyramidale. L'organisation y est donc d'ordre administrative et non hiérarchique. Il est vain de regarder l'islam comme on observe le catholicisme. Toute organisation pyramidale est vouée à l'échec tant les communautés sont diverses et par trop attachées à un islam consulaire, celui du pays d'origine des croyants. Le point nodal de l'islam, c'est donc la formation des imams sur le sol français. Former des formateurs nécessite une formation longue. Et au-delà de la formation, aux théologiens décider de la manière dont les textes doivent être lus avec les lunettes de 2023 pour offrir une lecture contemporaine et non celle des colporteurs de haine qui fondent leur propagande sur ces mêmes textes, mais avec des lunettes du VIIe siècle. Le salut passera donc par un travail de théologiens français (j'insiste !) capables d'offrir à échéance de dix ans un islam de France. Ce travail intense et sérieux devrait être financé via des fondations ou par les fidèles eux-mêmes. En octobre 2022, on a célébré les cent ans de la Grande Mosquée de Paris, en présence des Président Macron et Sarkozy, et de Gérald Darmanin. Crée et financée par la France après la Première Guerre mondiale en remerciement pour les bataillons des colonies, seule entorse à la loi de 1905, la Mosquée a pourtant fait l'unanimité des deux chambres (Assemblée et Sénat). Ce centenaire n'a pourtant rencontré aucun retentissement médiatique. Une occasion manquée, alors qu'il y a une nécessité de créer du lien dans la communauté nationale, si divisée sur la question des immigrés, de dialoguer, alors que les attaques islamophobes se sont multipliées depuis l'affaire Lola, la petite âgée de douze ans sauvagement assassinée par une ressortissante algérienne qui était sous le coup d'une obligation de quitter le territoire français depuis l'été précédent.

« Qu'ils fassent le ménage chez eux ! » : on entend trop souvent ces phrases xénophobes, affectant nos compatriotes musulmans d'un « chez eux » qui n'est pas le « chez nous » français. Chez eux, c'est la France ! Alors qu'ils sont français, on leur désigne une autre maison. Or non : leur maison n'est pas celle de Mohammed Merah. Et non, il n'existe pas de « communauté musulmane ». Il y a de nombreux musulmans et de nombreuses communautés, une par pays d'origine au moins. Il existe également des niveaux de pratiques très différents. Encore une fois, l'islam n'est pas l'Église catholique. Une diversité des individus, des groupes, des pratiques qui s'oppose à la parcimonie des conditions de pratique. Aujourd'hui, en France, on dénombre près de 2 500 mosquées ou salles de prière pour cinq à six millions de musulmans. C'est très, très peu.

Des organisations ont tout de même émergé. Après l'échec du CFCM est apparu le Forif (forum de l'islam de France) en février 2022, avec une erreur répétée, celle de vouloir organiser les choses en partant du haut. Le Forif est à l'initiative du ministre de l'Intérieur et en étroite collaboration avec les préfets. Drôle de manière, autoritaire, paternaliste, de faciliter l'organisation d'un culte. L'objectif de l'organisation est tout de même de penser le message aux fidèles, de réfléchir à la manière d'aborder les questions sociétales selon une approche religieuse, de permettre aux fidèles de vivre leur foi dans la complexité du monde qui les entoure. Non pas seulement une organisation qui serait chambre d'enregistrement de doléances à soumettre aux préfets.

L'idée de la nécessité de penser hors du paradigme de « l'islam des parents » semble malgré tout faire son chemin, plus de la moitié de nos compatriotes musulmans étant à présent nés en France. Ceux qui ont organisé l'islam de France se prennent aujourd'hui la fracture générationnelle en pleine face. Étrangers pour la plupart, ils ne comprennent ni la culture ni la sociologie de ces Français musulmans. Mais les nouveaux imams, plus proches de la jeunesse, n'ont en contrepartie pas toujours le bagage religieux adéquat. Un imamat dure sept ans et beaucoup de nouveaux imams ne se plient pas à cette exigence. Il est donc nécessaire de trouver une troisième voie qui permettrait de financer la formation des imams en France et de produire un travail théologique digne de ce nom, en prenant exemple sur l'Allemagne, qui n'hésite pas à investir des millions d'euros dans la théologie islamique, qui de ce fait émerge à l'université – même si elle ne vit pas sous la loi de 1905. La situation du financement est compliquée chez nous, où les fonds proviennent de l'étranger, ce qui augmentent la prudence des banques et poussent certaines à fermer des comptes, alors que la bourgeoisie musulmane est quasi inexistante : qu'il n'y a ni argent ni culture. À ce jour, le seul institut qui tienne la route est l'Institut de théologie musulmane de la Réunion, financé par les fidèles. Prenons-le en modèle ! L'argent des quêtes, l'argent du halal doit financer l'organisation du culte. Le pèlerinage à La Mecque est lui-même source de revenu et l'on pourrait réfléchir à la labellisation des voyagistes (ce qui limiterait les arnaques). Je crois même que nous devrions aller encore plus loin et dissocier le ministère des Cultes du ministère de l'Intérieur, qui est en charge de l'ordre.

Je profite de ce chapitre pour vous faire part de ma réflexion personnelle sur le port du voile, question polémique par excellence et qui polarise toutes les passions. La formation Valeurs de la République délivrée par l'État est très claire et elle a le mérite de renvoyer dos à dos identitaires d'extrême droite et identitaires religieux : dans le cadre professionnel, ainsi qu'au collège et au lycée, s'agissant de la fonction publique, les femmes ne sont pas autorisées à porter le voile. Partout ailleurs, à condition de ne pas créer de trouble à l'ordre public, elles peuvent le porter. Partant de là, la laïcité a bon dos quand elle abrite la xénophobie ordinaire. Je veux parler de l'affaire de la « maman voilée » : Fatima E., mère accompagnatrice qui a eu le mauvais goût de porter le voile dans l'enceinte du conseil régional de Bourgogne-Franche-Comté, et qui a été prise à partie par Julien Odoul, président du groupe RN, qui lui a demandé de le retirer. Fatima E., qui n'est pas fonctionnaire, doit-elle aussi enlever son voile dans le RER (transports publics), dans une mairie ou une bibliothèque municipale ? Évidemment, non. Pas plus qu'un juif n'enlève sa kippa. Les doléances d'Odoul avaient outrepassé le cadre républicain, mais la polémique était lancée, au grand mépris des valeurs de la République. Autre cas de figure, celui de Myriam Pougetoux, vice-présidente de l'UNEF (Union nationale des étudiants de France), syndicat étudiant classé à gauche. Myriam Pougetoux porte le voile, elle a l'outrecuidance de ne pas le retirer quand elle s'adresse aux caméras, quand d'une manière générale elle prend la parole au nom de l'UNEF. Myriam Pougetoux est-elle fonctionnaire ? Non. Myriam Pougetoux est-elle lycéenne ? Non. Fin du débat ? Bien sûr que non ! Myriam Pougetoux, par le port du voile, favoriserait « l'islamisation de la France ». Pour que les choses soient claires, il faut donc dire aux adversaires du port du voile où ils se situent dans le combat : hors du cadre républicain actuel.

Le voile, signe ostensible, symbole du prosélytisme musulman ? Les témoins de Jehovah ont le droit de sonner à la porte, les chrétiens d'évangéliser. Certains estiment que le port d'un voile, c'est une forme de prosélytisme. En droit, ça ne l'est pas. Il n'y a pas de démarche active dans le fait de porter le voile.

Je crois fondamentalement qu'en se servant malhonnêtement du mot « laïcité », certains ont oublié ce qu'est la liberté. Ce qu'ils veulent, ce n'est pas une société d'individus libres, mais vouloir interdire ce qui leur déplaît : l'islam, les musulmans. Il faudrait avoir le courage de l'affirmer au lieu de se cacher derrière le mot « laïcité ». Actuellement, on ne peut pas interdire tout ce qui nous choque, nous déplaît, ne nous ressemble pas. Pour ce faire, il faudrait changer la Constitution. Encore un autre exemple (il faut dire qu'il y en a pléthore) : celui du burkini. Il n'est pas interdit en France puisqu'il ne couvre pas l'intégralité du visage. À l'été 2016, cependant, des policiers ont demandé à des femmes de l'enlever sur des plages du littoral méditerranéen. Sans cadre légal, mais avec le spectre de l'islamisme en arrière-fond. Certaines pratiques sur les plages peuvent me choquer, ou choquer mes compatriotes, elles sont éloignées de moi, et pourtant je ne cherche pas à les interdire. Je veux parler du naturisme pratiqué en famille, avec des enfants. Pourtant, les naturistes ne soulèvent pas de polémique. C'est bien que le problème est ailleurs, c'est bien qu'il y a un problème spécifique avec l'islam et sa culture, objets de rejet.

Une polémique autour du burkini a éclaté et ne s'est jamais éteinte, puisque d'autres affaires burkini éclosent chaque année, notamment dans les piscines. Les directions de piscine municipales, ne pouvant s'appuyer sur la loi contre le port du voile intégral, là encore, s'appuient sur les exigences hygiéniques inhérentes à leurs règlements intérieurs, interdisant les « maillots couvrants ». Sur l'hygiène en tant que telle, je suis assez d'accord, mais je veux pointer l'incohérence existant lorsque, faute de chauffer l'eau d'une piscine pour faire des économies d'énergie, on préconise pour les nageurs le port d'une tenue couvrant largement le corps. Toujours ce rejet de l'islam qui se drape de laïcité. La laïcité, ce n'est pas ce que l'on veut, au nom du rejet des croyants. L'État ne finance aucun culte, c'est entendu. En revanche, le citoyen n'est pas forcé de se défaire de ses croyances.

L'interdiction du port du voile pour les mineurs a du sens, selon moi. Je suis en accord avec le principe républicain qui suppose qu'une mineure n'a pas encore la maturité suffisante pour choisir et accepter le principe religieux de son plein gré. Que l'école soit un sanctuaire est une bonne chose. Mais *quid* des tenues traditionnelles, que penser des polémiques nées du port de l'abaya au lycée par quelques adolescentes qui parfois méconnaissent les exigences et la profondeur de leur religion et s'appliquent à se draper d'un vêtement traditionnel de pays du Moyen-Orient où elles n'ont jamais mis les pieds. Doit-on légiférer sur le culturel ? Les identitaires de tout bord en rêvent : l'extrême droite l'assimile au religieux, tout comme ces provocatrices qui accusent d'islamophobie à tout bout de champ, au point de vider ce mot de sa substance. Or il n'existe ni base juridique pour l'interdire, ni règle religieuse pour l'imposer. On ne combat pas un effet de mode culturel, quand bien même il se rêve religieux, comme une menace réelle. Ce voile, expression de l'islam, version visible de la religion, cristallise toutes les détestations.

D'autant que nous ne sommes pas en reste. Les menaces à la laïcité sont légion. Concentrons-nous donc sur elles. Il y a des poussées que l'on doit éteindre immédiatement, comme celle des étudiants qui prient à l'université. Que les étudiantes aient la liberté d'y porter le voile ne les autorisent pas à confondre lieu de culte et université publique. En ce qui concerne les abayas, ces robes longues traditionnelles, leur port n'est pas interdit. Les mères accompagnatrices de sortie scolaire ont le droit de porter le voile. Le burkini est autorisé sur les plages. Autre exemple de dérive islamiste, celles qui ont été mises à jour par le *Zone interdite* sur l'islam radical à Roubaix et diffusé début 2022. Oui, il existe là-bas une école sous contrat, qui perçoit donc de l'argent public, et qui utilise les cours d'arabe pour faire l'école coranique et oui, c'est un scandale. Oui, les poupées sans visage pour les petites filles, c'est une dérive islamiste. Mais qu'un jeune homme vante le communautarisme « halal », ce n'est pas à mon sens particulièrement infamant. Pourquoi ? Parce que les communautarismes pakistanais, chinois ou juif ne choquent personne. Parce que ceux qui sont gênés par le communautarisme uniquement quand il s'agit de musulmans sont xénophobes. Parce qu'il n'y a pas de bon et de mauvais communautarisme. Dans le 13e arrondissement de Paris, les idéogrammes chinois sur les restaurants, les boutiques et même les vitres du McDonald's ne choquent personne. Si un McDonald's affichait le nom de ses produits en arabe à Barbès (18e arrondissement), il serait démonté dans la semaine. L'erreur est sans doute d'avoir pensé que les familles maghrébines et subsahariennes installées en France n'allaient pas enfanter des musulmans. Que la sécularisation se ferait plus rapidement. Que l'intégration serait plus rapide qu'elle ne l'a été (sans compter que les primo-arrivants faussent totalement la vision que nous avons de l'intégration, sur plusieurs générations, dans la mesure où ce sont leurs enfants qui seront intégrés). Que la concentration des populations d'origine étrangère n'engendrerait pas de communautarisme, sans penser non plus que celui-ci est d'abord subi et non choisi. Aucune famille ne choisit son affectation en HLM.

La nuance, cela passe aussi par l'apprentissage de la différence entre la xénophobie et le combat contre l'intégrisme. Nous, acteurs associatifs, menons ce combat. Peut-on en dire autant des politiques qu'on entend si souvent sur le sujet de l'islam? Leur lutte contre l'islamisme est non seulement dirigée contre l'islam mais aussi et surtout contre les arabes, les beurs, les indigènes. Peu importe le substantif pour désigner l'étranger, il le restera, il ne sera jamais tout à fait français. Parler d'« immigration musulmane » renvoie à la même logique, une généralité qui confine à l'absurde pour désigner les immigrés issus de l'Afrique dans son ensemble. Or « les musulmans » n'ont pas grand-chose en commun. Les Tchétchènes ne sont pas marocains, les Iraniens ne sont pas mauritaniens ou maliens. Il est indéniable que notre pays connaît une poussée islamiste. Indéniable, de la même manière, la poussée xénophobe est pourtant tout à fait sous-estimée. J'aimerais attirer l'attention sur cette réalité.

La manière dont les médias et les politiques ont, en France, investi l'actualité iranienne, fin 2022, est symptomatique de cette manière de se servir du port du voile pour détourner la laïcité et rejeter les croyants musulmans. Les anti-islam se sont donnés à cœur joie pour utiliser le drame touchant les femmes iraniennes, sans vergogne. Ils se sont pressés de dire que le problème, c'était le port du voile, alors que le problème, c'est l'obligation de le porter. Ce n'est pas nier les dérives religieuses que de l'affirmer. La société française n'aime pas la liberté. Pas autant, en tout cas, que la société américaine, par exemple, où la liberté d'expression, sans être revendiquée sans cesse, est réelle. Où l'on a la liberté d'entrer à la Chambre des représentants, au Congrès, en portant le voile, comme ces deux femmes, Ilhan Omar, réfugiée somalienne et Rashida Tlaid, originaire de Palestine, l'ont fait en 2018, faisant souffler sur les institutions américaines un vent de diversité, sans que les laïcards ne les clouent au pilori. Bien sûr, on peut avoir un avis, philosopher sur ce que représente le voile vis-à-vis de la femme. On peut soutenir que c'est un instrument de contrôle du pouvoir patriarcal. Mais on ne peut pas affirmer que toutes celles qui le portent sont sous l'emprise d'un environnement qui les oblige – bien que cela ne soit pas contestable dans certains cas. On nie le fait qu'existe un choix spirituel et intime dans le cœur d'une femme qui choisit le voilement, malgré ce que ce voilement peut représenter pour autrui en termes d'asservissement. Je crois que l'on me trouvera toujours aux côtés de celles et ceux qui veulent faire des choix, même lorsqu'ils le font contre leurs familles et leur environnement immédiat (que ce soit décider de porter le voile, ou décider de ne pas porter le voile). Dans cet esprit, je crois que l'on peut à la fois soutenir le combat des Iraniennes contre l'obligation de porter le voile, et soutenir celui de certaines Françaises qui veulent pouvoir le porter si elles le souhaitent.

L'instrumentalisation du dossier iranien me déplaît fortement, mais il est un bon révélateur de ce qui traverse la France. On semble plus que jamais coincés entre des écoféministes à la recherche de voix et de crédibilité et des laïcards islamophobes. Les défenseurs de la liberté de choix sont constamment ramenés au déni qui s'emparerait d'eux à propos de l'islamisme. Est-il possible de ne pas perdre toute mesure lorsqu'on parle de l'islam? Celui-ci se sécularise de plus en plus en Occident, n'en déplaise à ses détracteurs. Même s'il est plus commode de tabler sur ce qui se voit pour faire naître des polémiques, la pratique religieuse évolue. Le soufisme, courant peu répandu, fait de nouveaux adeptes dans une classe qui tente de s'éloigner de l'islam des parents, par trop en lien avec les pays d'origine, méconnu, souvent trop teinté de folklores locaux. Une chose est sûre, certains Français sont également musulmans et ils font partie de la Nation au même titre que les autres Français, dont ils partagent les joies et les peines, les droits et les devoirs.

Chapitre 17

Le tour de France des quartiers

Je voudrais terminer ce livre comme je l'ai commencé, avec les habitants des quartiers populaires, au milieu d'eux. De la Kallisté au « tour de France des quartiers » que j'ai organisé avec Mouv' Territoires, il n'y a qu'un pas. Ce pas, c'est ce livre, ce témoignage, mon hommage et le sens de mon engagement à leur côté. Si je me suis fait leur soutien dans les médias, j'ai également été là pour eux de manière très concrète pendant plus d'un an, de février 2021 au premier trimestre 2022. Nous étions une équipe de cinq : Malik, Khady, Mechad, Marion et moi, à venir prendre le pouls de ces territoires. Ensemble, nous sommes passés par les cités de Reims, Chalons, Troyes, Mulhouse, Strasbourg, La Seyne-sur-Mer, Toulon, La Valette, Marseille, Avignon, Lyon, Nantes, Lille, Roubaix, Tourcoing, Cannes et Nice. Ce terrain, ces témoignages sont la garantie de l'authenticité de mon expérience, celle qui me fait dire que je sais de quoi je parle lorsque j'interviens sur les chaines de télé.

Ce qui m'a frappée en premier lieu, ce sont le mépris et l'abandon que ces habitants ressentent de la part du reste de la population française, face aux médias et à la classe politique. Partant de là, ce qui m'anime le plus est de leur rendre leur dignité. Je milite pour qu'on puisse reconquérir leurs cœurs, comme un clin d'œil ou si vous préférez, la recette inversée des quartiers de reconquête républicaine (QRR), ou celle du parti de Zemmour, Reconquête. Moi aussi, j'ai grandi en cité. Et si je n'y vis plus, j'y travaille encore. Je savais déjà qu'il est nécessaire d'apporter de la nuance dans les bilans que l'on dresse. Une sorte de clair-obscur se dessine alors. On reste souvent sur nos idées de détresse et de délabrement, mais c'est aussi l'espoir qui se dessine. Je vais prendre un exemple qui m'a beaucoup marquée, celui d'un quartier à Reims, soi-disant rénové. Pas vraiment dans le bon sens, puisque les travaux de rénovation ont fait ressortir les rats et les cafards des sous-sols, des cloisons. À peine rentre-t-on dans les immeubles qu'on est confrontés à des colonies de cafards. Le bailleur ne semble pas prendre la mesure du problème. Il s'évertue à traiter, pour un immeuble donné, un appartement, puis laisse passer trois mois avant d'en traiter un autre. Rien de moins efficace puisque la colonie a tout le temps de prospérer et de réinvestir les lieux traités. Ce qu'il faudrait faire, évidemment, c'est désinsectifier tout l'immeuble en une semaine. Alors, pourquoi est-ce que ce n'est pas fait ?

La raison est très simple : les bailleurs sociaux tiennent à leurs économies de bout de chandelle faites sur le dos des occupants. Ils encaissent les loyers, les charges, qui sont la plupart du temps payés à temps. Mais, en échange, le bailleur ne fait pas son travail. Cela n'arrivera jamais dans une copropriété « normale », qui ne serait pas celle d'un logement social. On s'autorise bien des écarts quand il s'agit des pauvres. Des pauvres qui, on ne le souligne jamais assez, restent dignes. Quand je suis entrée chez eux, ils m'ont parlé de leur problème de cafards. Ils m'ont expliqué comment ils dépensaient des centaines d'euros par mois pour les tenir à distance de leur appartement. Il faut savoir vivre dans ces trous à rat. Le discours officiel consiste à laisser entendre que les habitants des logements sociaux ne sont que des « immigrés qui salissent et cassent tout ». Poussez leurs portes, pour voir. D'abord, ce ne sont pas tous des immigrés. Ensuite, ils subissent l'incivilité. Et, en premier lieu, celle du bailleur social, qui a d'ailleurs le même type d'argument que les médias pour sa défense. Ce n'est jamais de sa faute ! Même cas de figure avec les pannes d'ascenseur. J'ai rencontré Fouad Ben Ahmed, créateur du collectif Plus sans ascenseur, qui m'a sensibilisée à la problématique. Il travaille, avec un sénateur de Seine-Saint-Denis, sur une proposition de loi qui obligerait propriétaires et bailleurs à proposer des solutions concrètes en cas d'immobilisation durable des appareils. En 2019, son projet de clause sanitaire qui repose sur la reconnaissance de la mobilité verticale comme droit fondamental s'était soldé sur un échec, mais il ne désarme pas. Le collectif s'appuie sur une étude qu'il a financée. Elle révèle un parc d'équipement vieillissant, des ascenseurs sous-dimensionnés, donc en proie à un vieillissement rapide, des pannes dont la résolution est différée sur un mois, parfois deux. Par la suite, Fouad Ben

Ahmed a créé SAMV (Solution d'Assistance à Mobilité Verticale), une entreprise d'innovation sociale spécialisée dans le déplacement des personnes, pour monter ou descendre dans les tours d'immeuble, où hélas les pannes d'ascenseur demeurent nombreuses.

J'ai également été approchée par un collectif de femmes d'une commune du Val-d'Oise visant à dénoncer l'exposition à l'amiante. Il est particulièrement important pour les femmes de ménage, dans le frottement des matériaux amiantés. Là encore, même système D que dans le cas des ascenseurs, c'est le collectif qui a financé une étude pour alerter sur le problème. Pour améliorer la situation, une subvention a été touchée par la mairie, mais elle a vraisemblablement été utilisée par autre chose. À chaque fois, avec les bailleurs sociaux, on est devant un système opaque, dont les détournements et les profits, s'ils ne sont pas collectivement dénoncés, constitueront un jour ou l'autre les pièces à conviction d'un prochain scandale. Sous prétexte que les pauvres bénéficient de loyers modérés, il leur faudrait leur faire tout accepter, comme s'ils étaient des sous-locataires, ou même des squatteurs, alors qu'ils sont en règle, paient les charges et le loyer. À Marseille, j'ai rencontré des vieilles dames qui changeaient à leur frais les rampes de sécurité fixées au-dessus de la baignoire. Parfois, quand le bailleur installe lui-même ce dispositif pour personnes âgées, il le pose mal. Tout est à l'avenant, il faut toujours qu'il fasse des économies, ou qu'il fasse traîner en longueur, pour décourager les démarches. Car les pauvres, bien souvent, n'aiment pas réclamer.

Il faudrait tout raser et reconstruire, et on le sait. Et puisque ce n'est pas faisable économiquement, on lâche la pression sur les bailleurs sociaux, qui gèrent les choses comme ils veulent. Souvent de manière malhonnête. Autre exemple d'économie sur le dos des habitants : la suppression du poste de gardien, au prétexte que cela revenait trop cher. Or, pas de gardien, pas de sécurité assurée. Pas de propreté non plus, car plus personne pour exercer sa vigilance dans ce domaine. L'incivilité n'est pas propre aux habitants des quartiers, on sait que partout il faut que l'autorité soit incarnée, la loi. Et avec une forte densité de population, on arrive vite à la catastrophe. De nos jours, le bailleur social fait signer un document qui lui garantit qu'on accepte l'appartement en l'état. Tout le monde le signe, tant il est difficile d'obtenir un logement social. De locataire en locataire, le bien se dégrade, aucune réparation n'y est effectuée, il y a des fuites, de l'humidité dans les immeubles, des placards qui ne ferment plus, des équipements qui sont cassés, mais les locataires acceptent le bien en l'état. C'est cela, la réalité.

Je veux également parler des problèmes de transport. Il arrive bien souvent que les habitants du centre-ville fassent pression sur la mairie pour qu'aucune ligne de bus ne vienne déverser les habitants d'une cité dans leurs quartiers bourgeois. Ou qu'une ligne ne passe au milieu des pauvres. À Reims, par exemple, le bus passe entre deux cités. Des personnes aux emplois peu qualifiés, qui débutent tôt le matin, doivent marcher des kilomètres dans la nuit pour aller prendre le bus. On peut parler de communautarisation tant que l'on veut. La vérité, c'est qu'on la crée. À Marseille, les quartiers nord ont vue sur la mer, ils ne sont qu'à quelques mètres de la grande bleue. Pourtant, leurs habitants mettent une heure et quart pour aller à la plage. Pourquoi ? Parce qu'il n'existe aucune liaison directe entre le nord et le sud (alors qu'ils pourraient avoir leur plage, tout simplement). Le bus ne passe pas dans la cité, la cité n'a pas de lien direct par bus avec le reste de la ville, et les gens restent entre eux. Un employeur serait-il assez fou pour recruter quelqu'un qui met une heure et demie ou deux heures pour venir au travail ? On ne veut jamais voir combien certaines décisions politiques pèsent sur la vie des gens, ici c'est évident.

J'évoquerai aussi le trafic de drogues et des moyens inadéquats que l'on met en œuvre pour lutter contre, comme si on avait donné des petites cuillères à la police pour qu'elle vide l'océan. Il existe 2 millions de consommateurs de shit en France, avec aujourd'hui des points de deal à peu près partout sur le territoire. Face à cela, on compte 270 000 gendarmes et policiers, mais tous ne travaillent pas sur le démantèlement de trafic, bien entendu. Comment imaginer qu'on va arriver à l'enrayer ? Alors parfois, pour marquer le coup, on effectue de grosses saisies. On démantèle un réseau, en théorie. Parce qu'en pratique, il se reforme en une semaine. Il est faux d'imaginer que nous pourrons multiplier par trois nos effectifs de police, et quand bien même cela serait possible, ils ne seraient pas tous dévolus à la lutte contre le trafic. Je crois que la solution passe par le pragmatisme et l'intelligence géopolitique. Lorsqu'il y a une fuite d'eau, il faut intervenir à la source. Avec la drogue, c'est la même chose.

Le pragmatisme, ce n'est surtout pas de légaliser le cannabis. Philosophiquement je m'y oppose : on ne légalise pas un délit faute de pouvoir l'endiguer. J'ai trop vu de drames familiaux, de parcours gâchés, de jeunes tomber ensuite dans les drogues « dures », j'ai vu combien cela fait aussi exploser la violence intra-familiale. Ces parcours malheureux, quand l'issue n'est pas fatale, sont faits d'incessants allers-retours en détention, car lorsqu'on consomme, on finit souvent par vendre pour pouvoir financer sa propre consommation. Des exemples étrangers nous le montrent : la légalisation ne règle pas le problème, le trafic de drogue parallèle ne disparaît pas, il est maintenu pour une drogue à taux de THC plus important que celui qui est autorisé. Pire, cela engendre un trafic de drogue dures, comme aux Pays-Bas, avec l'essor du cartel de la Mocro Maffia. La Mocro Maffia, c'est la contraction de Morocco Maffia : historiquement, il s'agit de dealers d'origine marocaine tenant du trafic de cannabis, puis l'ayant élargi. Voilà ce qui arriverait sans doute en France avec la légalisation. Le plus gros producteur est donc le Maroc, un pays ami de la France, avec lequel on travaille déjà énormément. Si la production de cannabis du Rif n'est pas entravée, c'est parce qu'elle fournit du travail à beaucoup de monde. Indemnisons donc la région du Rif, en échange de quoi elle cessera sa production. En attendant, le trafic de drogue se digitalise. On a vu l'œuvre le détournement d'Uber pour les livraisons de cannabis en plein confinement. Sur le modèle des supermarchés, la livraison des stupéfiants, la vente à distance ont explosé. Des comptes Snapchat sont désormais spécialisés dans le trafic, et ne parlons même pas du dark web. On trouve des sites d'e-commerce qui permettent de commander des substances illicites depuis l'Amérique du Sud. À ce fléau systémique, il convient d'opposer des solutions radicales.

Pourquoi évoquais-je plus haut le clair-obscur en parlant des quartiers ? Parce que tout n'y est pas si sombre, parce que la volonté, l'espoir perce. On y dénombre environ 50 000 PME et TPE. C'est donc une terre entrepreneuriale de choix. Des dispositifs ont été créés pour inciter les entrepreneurs à venir s'installer en banlieue. Ces initiatives pour développer l'économie sont toutefois loin d'être suffisantes. Parce qu'il s'agit de territoires sinistrés, les entrepreneurs des quartiers devraient avoir la priorité pour remporter les marchés. L'économie remise à niveau, elle ferait vivre dignement tous ces habitants en recherche d'emploi. La moyenne du taux de pauvreté se situe à 15 % pour la France entière. Il est de 18 % maximum dans les territoires ruraux. Dans les quartiers prioritaires de la politique de la ville (QPV), il explose et monte jusqu'à 42,2 %, alors que c'est précisément là que l'économie a un rôle de cohésion à jouer. Il y a des entreprises, installées en banlieue, qui ne jouent pas le jeu de la diversité ; il y en a qui le jouent, mais qu'on n'accompagne pas suffisamment. Heureusement, cela change un peu, mais le plus souvent, c'est le fait d'initiatives privées. « Les déterminés », l'association de Moussa Camara fondée en 2015, accompagne les créateurs d'entreprise issus des quartiers populaires et des milieux ruraux. Elle est financée par la Banque publique d'investissement (BPI) et permet de sensibiliser les jeunes à l'entreprenariat, de leur en donner le goût par une série d'actions concrètes. Deuxième initiative, celle portée par Aziz Senni, initiateur de Quartiers d'affaire, qui ambitionne de faire changer d'échelle les TPE et PME en les outillant d'un savoir-faire, consistant notamment à les former aux réponses aux appels d'offres. Il n'est pas chose aisée de s'installer en banlieue pour faire fleurir ses affaires. On le voit en traversant les cités : les commerces y sont quasi-inexistants, les aides y sont plus que rares. Lorsqu'existent des commerces, ce sont toujours les mêmes : la restauration rapide de type kebab, la boulangerie. Où sont les structures de loisirs, les opticiens, les salles de sport ? Où sont les assurances, les agences bancaires, les cinémas, les locaux d'entreprise du tertiaire ? La vérité, c'est qu'il n'y a aucune volonté politique de créer de la vie, un cœur de ville dans ces quartiers devenus dortoirs. Parce qu'il n'y a rien autour d'eux, leurs habitants préfèrent aller à Paris pour dîner au restaurant, aller voir un spectacle. Il n'existe pas de vie économique réelle dans les cités. Un jour ou l'autre, pourtant, on sera obligés de repenser l'organisation territoriale, ne serait-ce que dans une optique de mixité sociale.

Le clair-obscur, je le vois encore dans le quotidien des habitants. Nous sommes arrivés à Reims, dans le quartier prioritaire Croix-Rouge, le samedi 27 février 2021, soit le jour où le photojournaliste de *L'Union*, quotidien régional, a été agressé et grièvement blessé par une bande de jeunes. Nous laissons notre voiture au niveau d'un McDonald's, et voyons défiler la police, les pompiers, des hommes armés. Il y a un niveau de tension dans l'air parfaitement palpable et qui me rappelle ce que j'ai vécu moi-même aux Fossés-Jean dans les années quatre-vingt-dix. Cependant, c'est à ce moment-là que surviennent deux petites jeunes filles qui traversent alors le décor, je me rappelle que l'une d'entre elles en mini-jupe en cuir. Toutes souriantes, elles ne nous apparaissaient nullement effrayées par la violence. Est-ce leur jeunesse ou leur acclimatation à la situation ? La scène, surréelle, ne traduit pas leur quotidien. Elles ne vivent pas en gilets par balle, elles vivent dans un pays en paix. Ce n'est pas tous les jours qu'un journaliste de soixante-cinq ans se fait tabasser par une bande. Cependant, je le savais parce que je l'avais vécue, la violence est toujours sous-jacente, toujours possible. Alors on s'en accommode. Ce n'est pas qu'on tolère la violence, ce n'est pas non plus qu'on cède à la panique, c'est simplement que l'on vit toujours avec la possibilité qu'elle explose. Je trouve cette anecdote intéressante à double endroit. D'abord, on parle toujours des femmes de banlieue comme voilées de la tête aux pieds. Non, il y a beaucoup de femmes qui ne sont pas voilées. On parle aussi de violence et de détresse, mais jamais d'innocence et de joie de vivre. Or elles existent. Il y a aussi des fêtes, des histoires d'amour, des mariages, des naissances, des réussites. De la vie. Ces deux adolescentes, elles avaient de la joie de vivre à revendre. Elles sont pour moi la preuve de la nuance, du parti de la nuance qui doit l'emporter.

La nuance, qui nous permet de laisser exister l'espérance au cœur du désœuvrement. Comme ce jour à Mulhouse, dans cette morne cité où zonent des gamins au bas des tours. Où un attroupement se forme autour de notre voiture. Ce sont des collégiens, des lycéens, ils jouent à faire les idiots. Je descends pour leur expliquer notre démarche. La troupe commence à grossir. À un instant, je me dis qu'ils sont peut-être trop nombreux et nous trop peu, qu'on devrait peut-être rebrousser chemin. En y repensant, je me raisonne et je me dis que ce sont juste des gamins, qui ont besoin de parler. Que me disent ces jeunes ? Des mots très poignants, que je ne suis pas près d'oublier : « Nous, on doit sortir de là. Si on reste là, on est mort » ; « Je ne veux pas rester là, je ne pourrai que vendre de la drogue pour m'en sortir, et je ne veux pas faire ça. » À l'un d'eux, et parce que nous sommes en train de filmer, je demande :

« Si tu pouvais t'adresser au président Macron, là, maintenant, tu lui dirais quoi ?

– Sortez-nous de la galère, monsieur Macron. On a besoin de formation, on a besoin de boulots. »

Il était si joyeux, si léger l'instant d'avant, ce gamin. Le voilà devenu grave, quasiment solennel. Il exprime son désespoir avec dignité, il demande de l'aide. Et moi, je me dis tout bas qu'on en est encore là, que la question de l'insertion professionnelle est toujours centrale. Que la mission locale – l'équivalent du Pôle Emploi pour les 16-25 ans – est dépassée. Beaucoup sont critiquées. Lorsque ces structures sont portées par des personnalités dynamiques et compétentes, elles obtiennent des résultats ; mais parfois, il arrive que leurs agences ne cherchent qu'à survivre sur de vieilles recettes. Pour leur défense, nous vivons actuellement une période économique complexe. L'humain devrait être au centre de tout. L'humain, on le manipule avec précaution. Bien sûr, il n'y a pas de formule magique. Malgré tout, il y a des mains à tendre, des paroles à donner, à entendre, à porter. Et moi, qui viens porter la parole de ceux qui souhaitent à tout prix s'en sortir.

Chapitre 18

L'immigration en héritage, la Nation en partage

Si j'ai choisi d'inscrire l'immigration dans le sous-titre de ce livre, c'est que je compte bien la porter en bandoulière. En héritage. L'immigration en héritage : en finissant ce livre, je voudrais attirer votre attention sur ce que cela signifie. C'est un patrimoine vivant, dont nos vies sont les témoins dynamiques. C'est patrimoine qui perdure à travers nos parcours à nous, enfants issus de l'immigration, du courage dont ceux qui nous ont précédés ont fait preuve par le passé, de celui que nous continuons à invoquer aujourd'hui. Nous avons nos héros d'hier, pour lesquels j'éprouve une reconnaissance infinie. Nous avons nos héritiers, que j'accompagne d'une bienveillance constante, par la pensée et par les actes. C'est à ceux, qui luttent chaque jour avec dignité pour s'en sortir, que s'adressent ces dernières lignes.

À eux, je veux offrir la nation en partage. Je voudrais avec eux embrasser la nation, y prendre part, qu'ils comprennent la manière dont, à titre individuel comme collectif, nous en faisons partie tous ensemble. Bien sûr, je salue la pensée et les initiatives de l'historien Pascal Blanchard, visant à élargir la mémoire républicaine aux minorités, à impulser une dynamique de reconnaissance des héritiers de cette histoire particulière dans le récit national, avec tout un travail sur les références et les rôles modèles. Pourtant, ces réflexions, si brillantes et bénéfiques soient-elles, ne sont accessibles qu'à un public averti, déjà sensible à la problématique. Il nous faut réveiller, éveiller même parfois, le sentiment patriotique de manière plus pragmatique, en nous regardant en face, en considérant, nous enfants d'immigrés, qui nous sommes et pourquoi nous sommes ici. Les vagues d'immigration, si inacceptables qu'elles soient pour une frange droitière de la population, font déjà pour une bonne part partie de l'histoire. L'intégration, elle, reste en chantier, mais elle se fait dans les deux sens : pour que celui qui vient d'ailleurs puisse s'intégrer à la nation, il faut que la nation l'intègre, ouvre la porte. C'est, je le crois, grâce ce double mouvement qu'on pourra restaurer une fierté mise à mal, et rendre évident un sentiment d'appartenance commun. C'est cela, la nation en partage.

Issus de l'immigration, nous avons apporté au récit national nos figures historiques. Mais aujourd'hui en France, qui connaît la mémoire des tirailleurs ? Qui sait qui est Yorgui Koli, par exemple, ce compagnon de la Libération, fait chevalier de la Légion d'honneur, ce titulaire de la médaille militaire et de la croix de guerre ? Pourquoi n'avoir pas choisi de le mettre en avant ce combattant originaire du Tchad, plutôt que d'autres héros de la Libération ? Je ne conteste évidemment pas l'importance et la valeur des autres parcours, ceux de soldats ou officiers, de

Remerciements

Derrière la combattante face caméra se cache toute une armée de soldats d'amour, de solidarité, et de bienveillance.

Merci Papa, d'avoir été un père si doux et si aimant.

Maman, de m'avoir transmis ton courage et ton goût pour les mots.

Dalila, ma sœur adorée. Tant de joie, de réussite mais aussi de combats que nous avons encore à mener. Je sais que nous serons toujours là l'une pour l'autre.

À mes amis qui me suivent sans condition dans ma folie !

Malik Yettou, merci d'avoir su me convaincre de croire en moi. Du rire, des larmes, quelle si belle aventure à tes côtés.

Khady Thiam, merci pour ton soutien indéfectible. Nous avons encore tant de belles choses à construire.

Samir Ben Mihoub pour ton enthousiasme légendaire, et nos longues heures à refaire le monde. « On lâche rien ! »

Hamellia Trari, ma sœur de cœur, merci d'être tout simplement toi et d'être dans ma vie.

Et toi qui te reconnaîtra. Aucun mot ne pourra rendre justice à tout ce que tu es. Tout ce que tu m'apportes.

Merci aux Éditions du Rocher pour leur confiance.

Solange Bied-Charreton, pour m'avoir guidé avec bienveillance dans cet exercice si particulier qu'est l'écriture d'un livre.

Et merci à tous ceux que je croise chaque jour et qui me donnent de la force.

Ce livre c'est avant tout pour vous. Pour notre histoire.

Table

Achevé d'imprimer par CPI BRODARD ET TAUPIN,
en janvier 2023,
N° d'imprimeur : 3050707

Dépôt légal : février 2023

Imprimé en France